# はじめに

2009年の政権交代の際、「4年間は消費税を上げない」と言っていた民主党政権が、いまや大増税路線を驀進しています。東日本大震災を受けて10・5兆円の復興増税法を成立させたのに続き、2012年には「社会保障と税の一体改革」の名の下に消費増税関連法の成立に一意専心で取り組んでいます。

しかし、そもそも増税しても税収がアップ[illegible]とは限りません。1997年4月の[illegible]5%への消費税率引き上げは、景[illegible]金融危機を招き、翌年度から税収[illegible]もたらしました。以来、政府の一[illegible]税収は97年度の金額を一度も超[illegible]がありません。

[illegible]中でも、税収が増えていたのは決まって景気が拡大したときです。つまり、税収を増やすために必要なのは増税ではなく、景気を良くして経済を成長させることなのです。

そのためには、日本経済の未来ビジョンを明確に描き、そのビジョンを現実化させる効果的な政策を打たなくてはなりません。幸福実現党は、我が国GDPの世界ナンバーワンを目指し、その入り口として「名目7%成長、実質4%の経済成長を10年続けて、名目GDPを倍増する」という「新・所得倍増計画」を掲げています。

反対に、現政権の推し進める消費増税が日本経済を衰退させることは確実です。本書が増税阻止の一助となれば幸いです。

**幸福実現党　党首　ついき秀学**

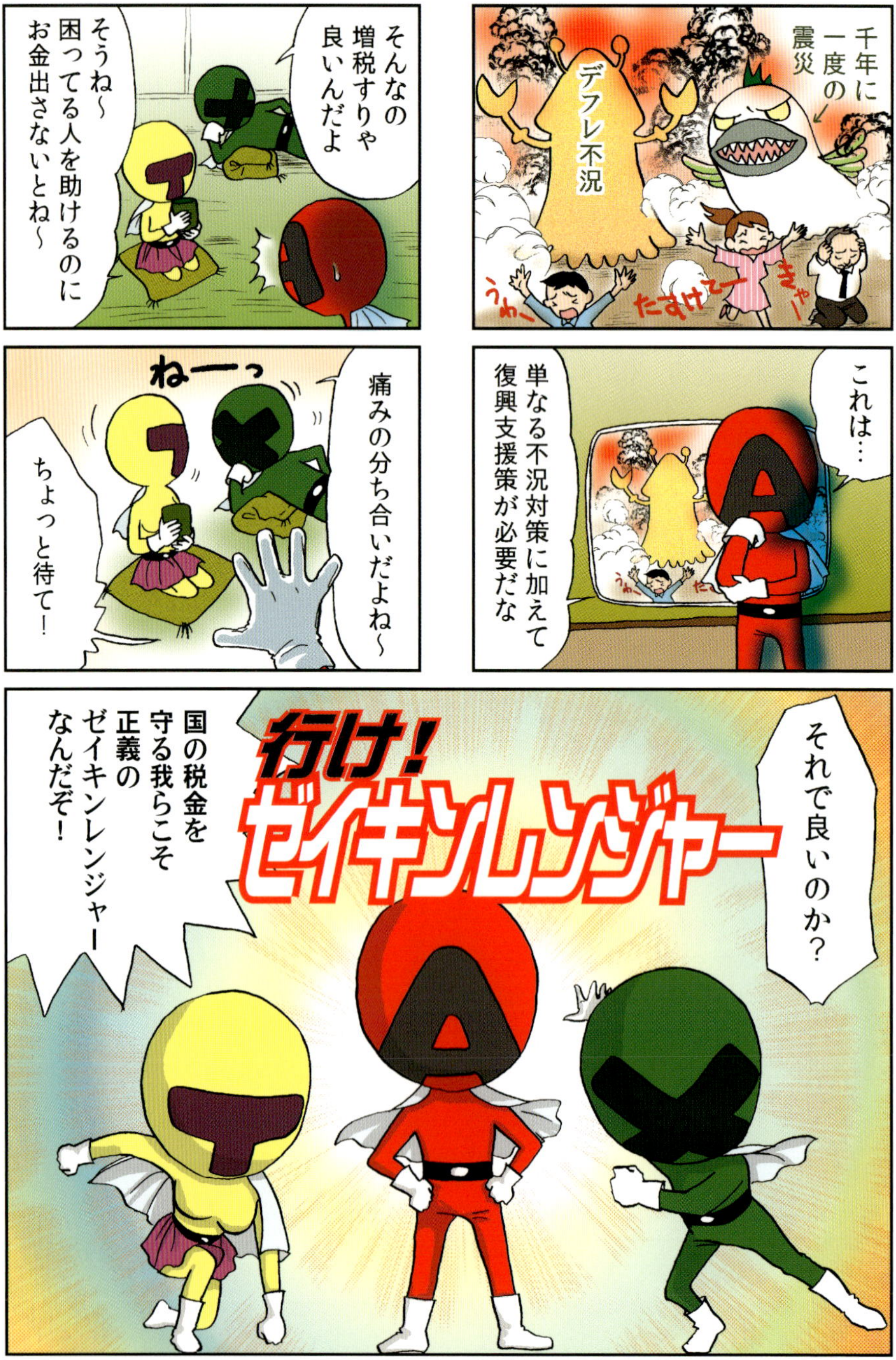
千年に一度の震災
デフレ不況
うわー
たすけてー
きゃー
そんなの増税すりゃ良いんだよ
そうね～困ってる人を助けるのにお金出さないとね～
これは…
単なる不況対策に加えて復興支援策が必要だな
痛みの分ち合いだよね～
ねーっ
ちょっと待て!
それで良いのか?
行け!ゼイキンレンジャー
国の税金を守る我らこそ正義のゼイキンレンジャーなんだぞ!

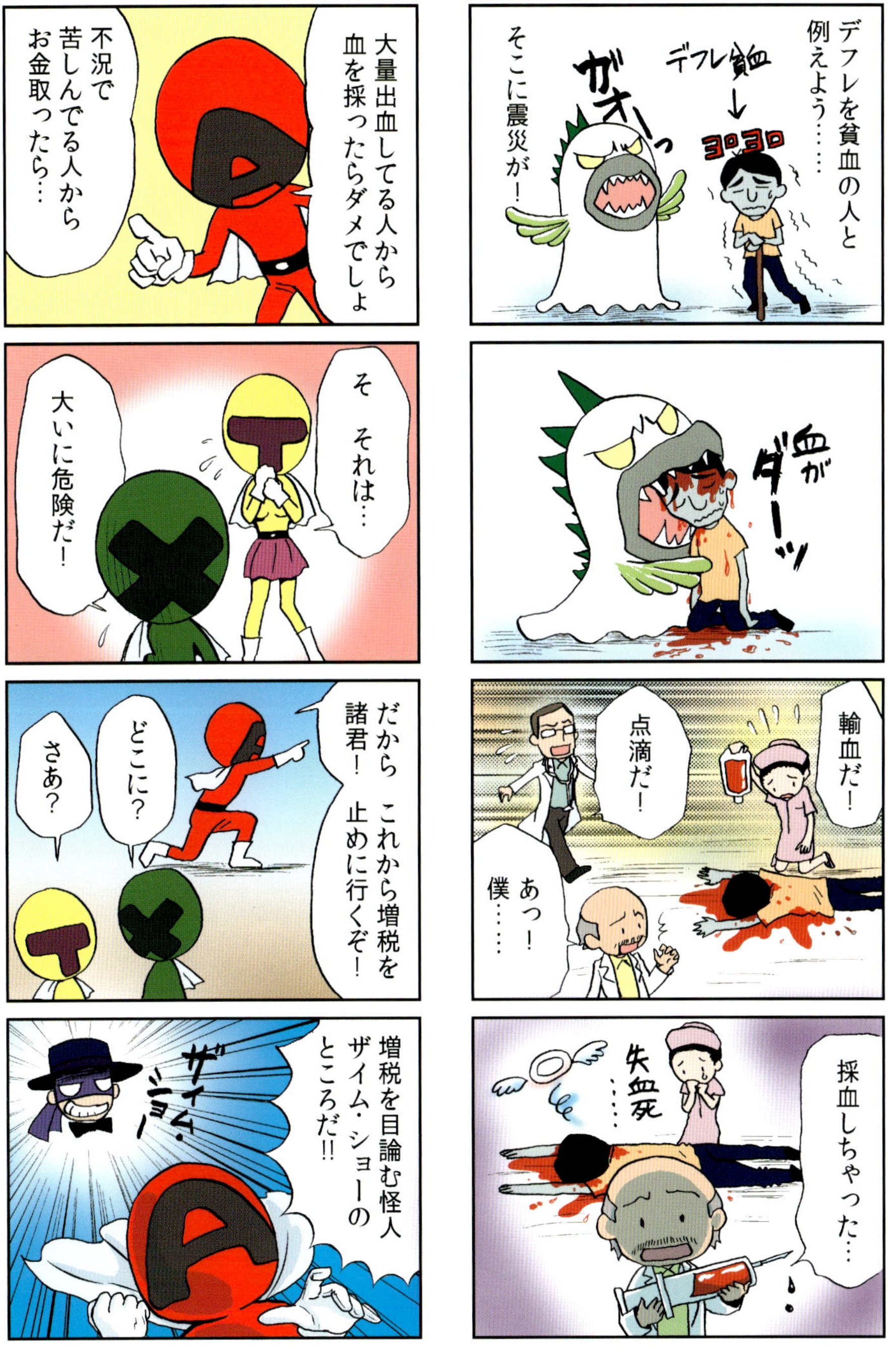
デフレを貧血の人と例えよう……
デフレ貧血
ヨロヨロ
ガオーっ
そこに震災が！
血がダーッ
輸血だ！
点滴だ！
あっ！僕……
採血しちゃった…
失血死……
大量出血してる人から血を採ったらダメでしょ
不況で苦しんでる人からお金取ったら…
そ　それは…
大いに危険だ！
だから　これから増税を諸君！　止めに行くぞ！
どこに？
さあ？
増税を目論む怪人ザイム・ショーのところだ!!
ザイム・ショー！

ザイム・ショー
トークショー
あのね～政府は1000兆円を超える借金があるの～
それって国民1人あたりで700万円以上の借金ってことよ！
ちょっと待った！
国民を惑わすザイム・ショーよ！
ゼイキンレンジャーがお前の隠蔽した数字を暴く
みんな見て！貸借対照表の資産の部をここに隠してたわ！
資
つまり政府の実際の負債は資産から負債を引いたマイナス371兆円！
これは複式簿記の原則で純債務と呼ばれる数字よ
資
財務省は国民の資産の存在を隠して赤字（借金）だけを国民に知らせてたんだ!!!
それでも国家全体は赤字なんでしょう？
つまり国の借金って371兆円とかでしょやっぱスゴイいまずいじゃん
とは言え国債の8割は日本の金融機関が保有している
No.1
それってギリシャと違って簡単にデフォルトしないってこと？
しかもその金融機関は黒字計上をしている
公務員の給与削減や特殊法人の売却など
政府の無駄もまだまだ削れる

●負けるなゼイキンレンジャー、日本の平和のために。

# 増税が国を滅ぼす

幸福実現党　青年局長　釈量子

## 1．日本の法人税は世界一高い！

日本の法人税が世界一高いって知っていましたか？

下のグラフ1は、ＯＥＣＤ（経済協力開発機構）加盟諸国の**法人税**の国際比較をグラフにしたものです。なんと、日本は法人税が世界一高かったのです。

日本では、利益を上げている会社などの法人に対して、世界最高レベルの極めて重い税金が課せられているのです。世界では、外国企業を誘致するために、また自国の企業が海外に流出しないよう、法人税の引き下げ競争がさかんに行われています。日本ではこうした取り組みをしなかったので、いつのまにか〝世界一高い〟国になってしまったのです。

シンガポールでは、２００８年から法人税率を引き

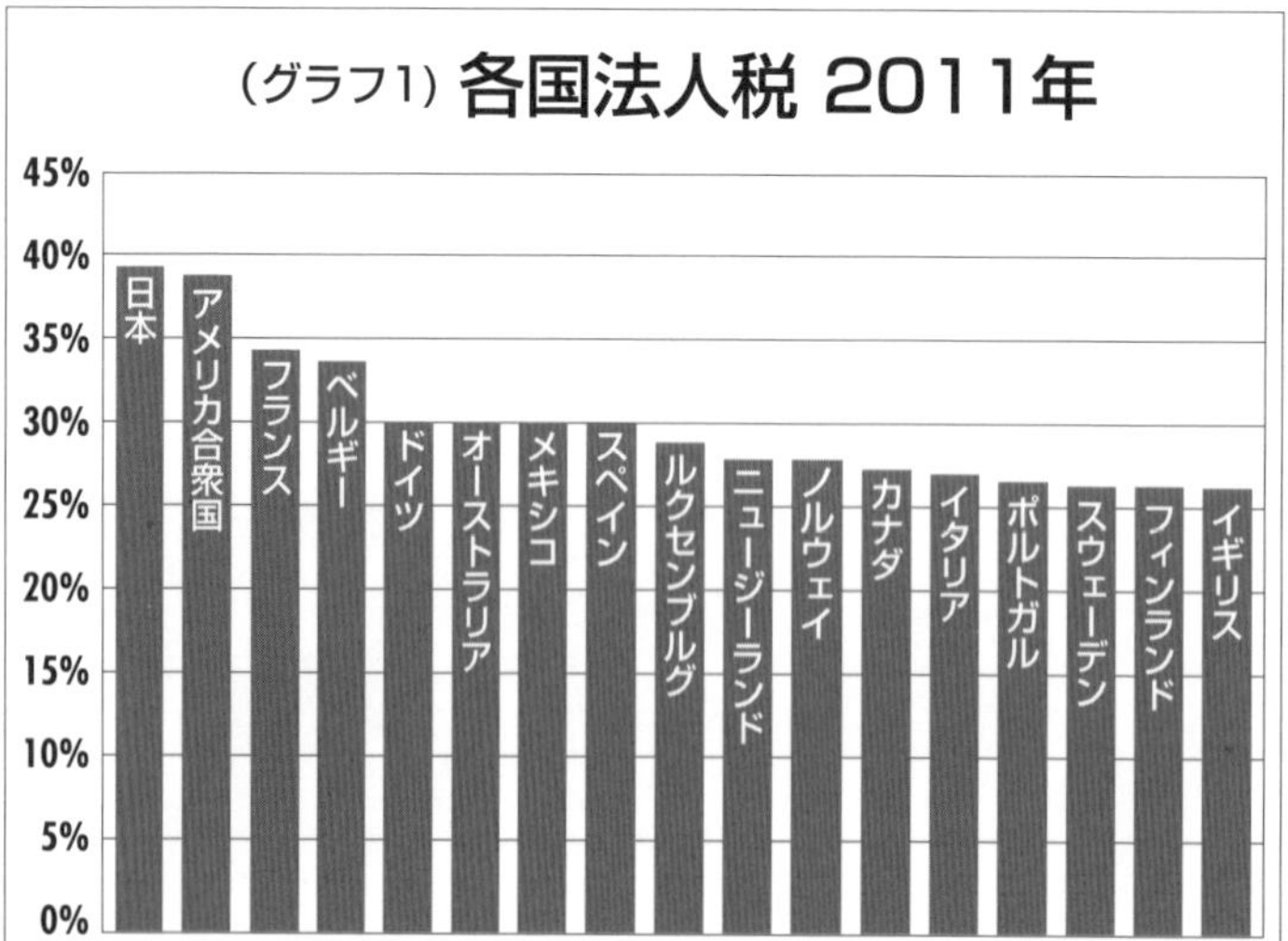


OECD「Taxation of Corporate and Capital Income 」(2011)に基づき作成

（注）法人税は国によって算出方法が違うが、ここでは国別の事情を勘案した実効税率をとっている

下げ、最高17%にしました。

企業が現地法人を日本かシンガポールのどちらかに出そうか考えたとき、税金の安い方に出したくなるでしょう。実際、P&Gなど有力企業がアジアの拠点を日本からシンガポールに移しています。

一方、税金の高いスウェーデンでは企業の海外流出が続きました。１９８０年代、スウェーデン法人税率は52%、さらに利潤配分税を加えた実効税率は57%もありました(現在は28%)。家具販売のイケアは本社をオランダに移転しています。

日本に進出して、儲けた4割を税金に持っていかれるなら、海外企業も二の足を踏むでしょう。

次に**所得税**を比較してみます。日本では、お給料などの所得にかかる所得税や、自治体に納める住民税を合わせた最高税率は50%。スイス大手会計事務所の調査(２００８年)では、高福祉・高負担といわれるデンマーク(59%)やスウェーデン(55%)などに続いて世界第4位と高い水準となっています。

日本は年収１０００万円程度までは世界的にも税負担が少ないと言われていますが、所得が多いほど負担が増える「累進性」が高く、高額所得者にとっては、世界最高レベルの極めて重い税金が課せられています。大金持ちになるほど税金で持っていかれてしまうので、高額所得者の海外流出も続いています。加えて、野田政権は所得税の最高税率を現行の40%から45%に引き上げる方針を鮮明にしており、日本の重税国家化を進めていることは明らかです。

## 2. 増税しても税収は増えない!

増税すると、ただでさえ酷い不況が、さらに深刻なものになります。

日本の沈没が決定的になったのは１９９７年でした。橋本内閣が**消費税**を3%から5%に増税したのです。すると、当時潰れっこないと言われていた都市銀行の北海道拓殖銀行や、四大証券の一角を占めていた山一証券などがあっけなく破綻、あわや金融

（グラフ2）日本の名目GDPの推移

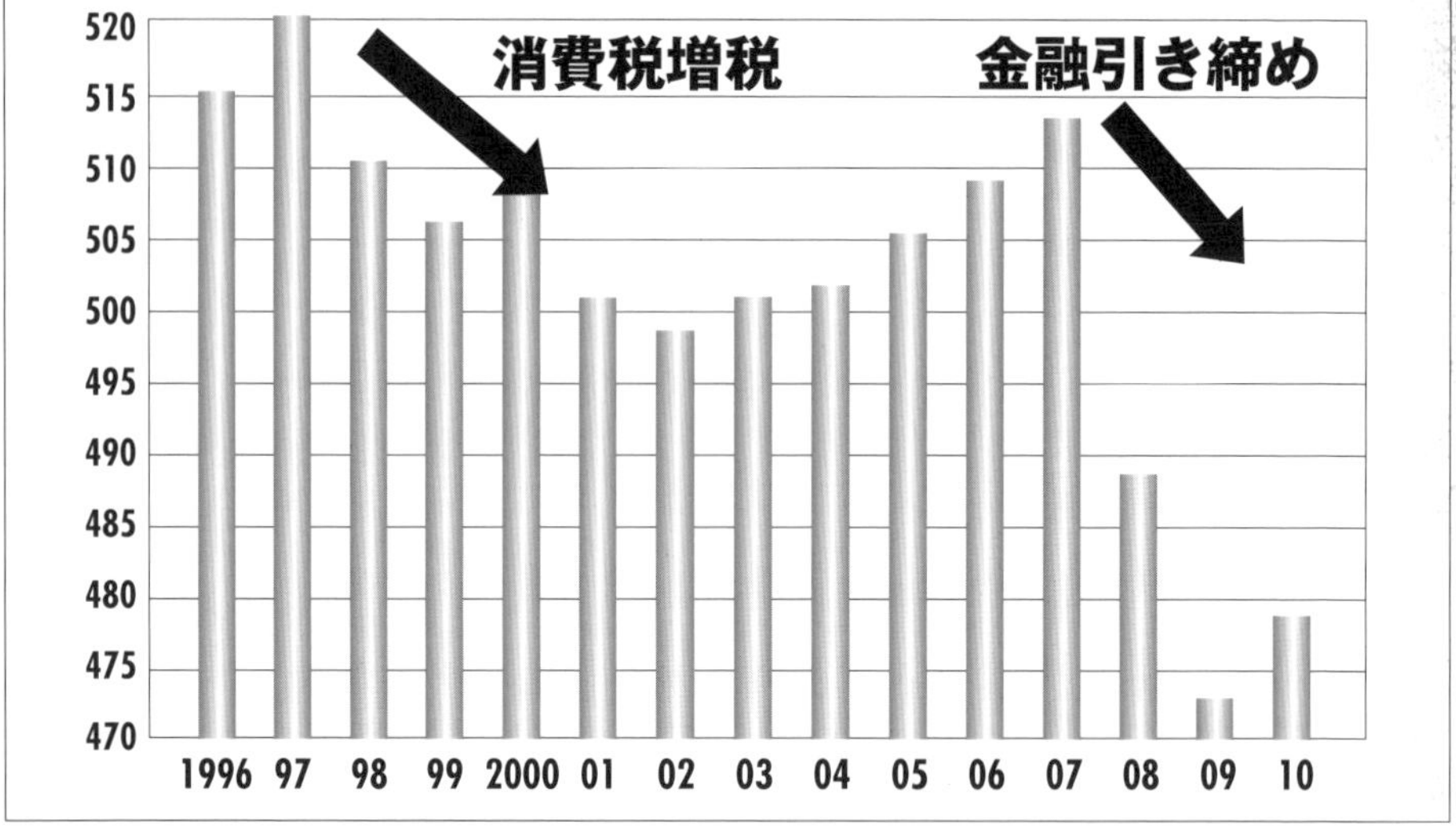


内閣府のGDP統計に基づき作成

恐慌かといわれるほどの騒然とした状態になりました。

　消費も投資も急速に冷え込んで、翌年98年の経済成長率はマイナス1・5％（97年は0％）、97年から98年にかけて、戦後初の2年連続マイナス成長となってしまったのです（グラフ2）。たった2％でも「消費税増税って本当に怖い！」とつくづく思い知らされます。

　財務省は「日本の消費税は諸外国と比べて圧倒的に低い」というキャンペーンを行っています。確かに、ヨーロッパの消費税に相当する付加価値税は20％前後と高いものの、国民の税負担で見ると、ヨーロッパの国々に比べても、日本の消費者の税負担は決して軽くありません（グラフ3）。

　その理由は、欧州では食料品などの生活必需品やサービスが無税（0％）だったり、軽減税率が適用されているためです。何もかも一定の消費税率がかかる日本では、諸外国に比べても軽いということは全くありません。財務省は、都合の良い統計を使って国民を騙し、増税に誘導しているのです。

消費税増税は完全な「経済失政」であり、増税を決断した当時の橋本元首相は「(消費税増税や緊縮財政を行った）私の財政改革は間違っていた。これで国民に多大の迷惑をおかけした。国民に深くお詫びしたい」と公式に謝罪しています。大増税を目論む野田首相が、後世に大きなツケを残すことは火を見るよりも明らかです。

厚生労働省の統計によると、一世帯あたりの平均所得が、１９９７年の消費税増税から始まる一連の不況によって、年々、急激に減少しています（グラフ４）。

そして、わずか13年の間で年間の平均所得は１１０万円以上も減少してしまいました。

消費税を増税した翌年以

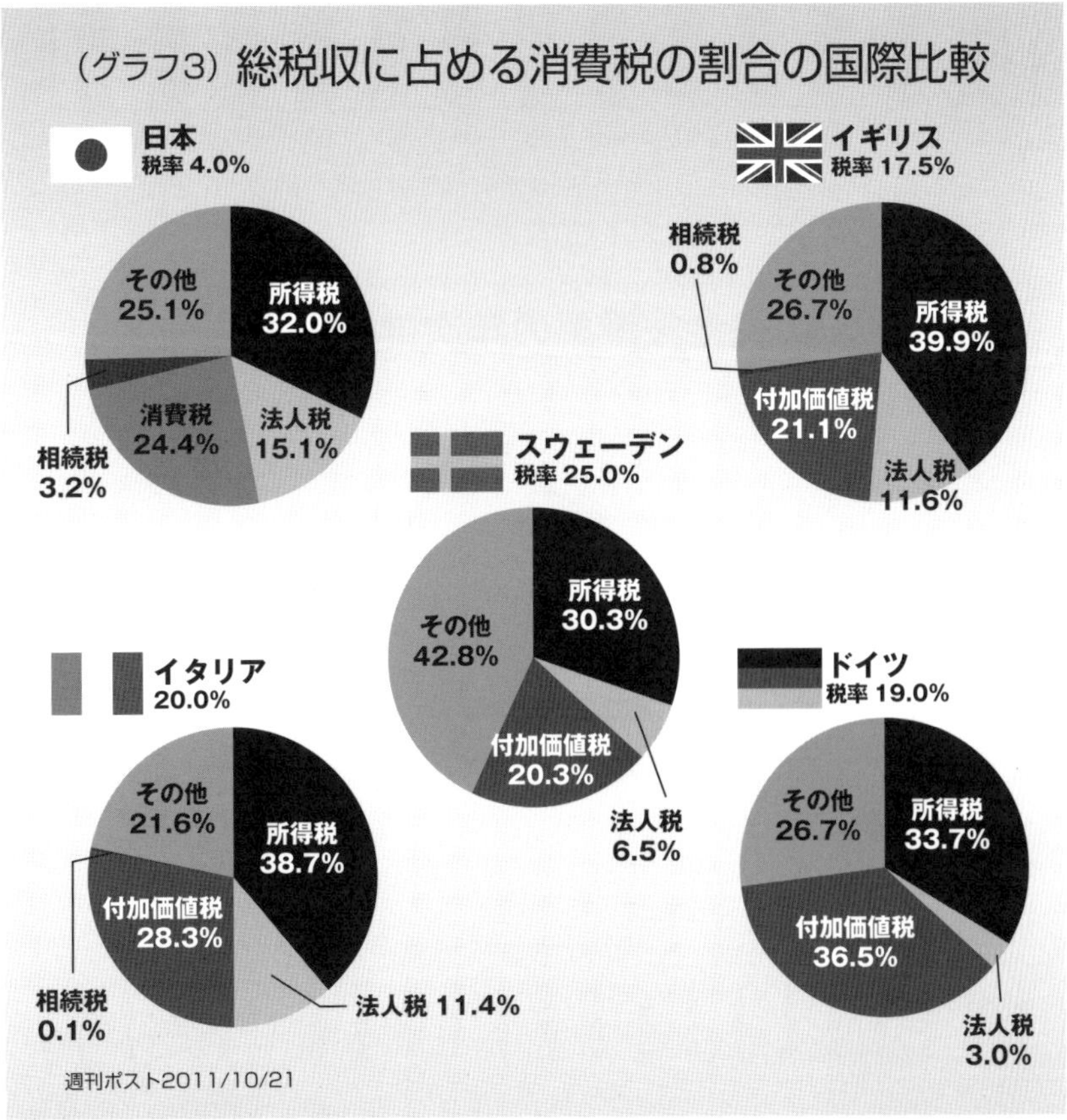

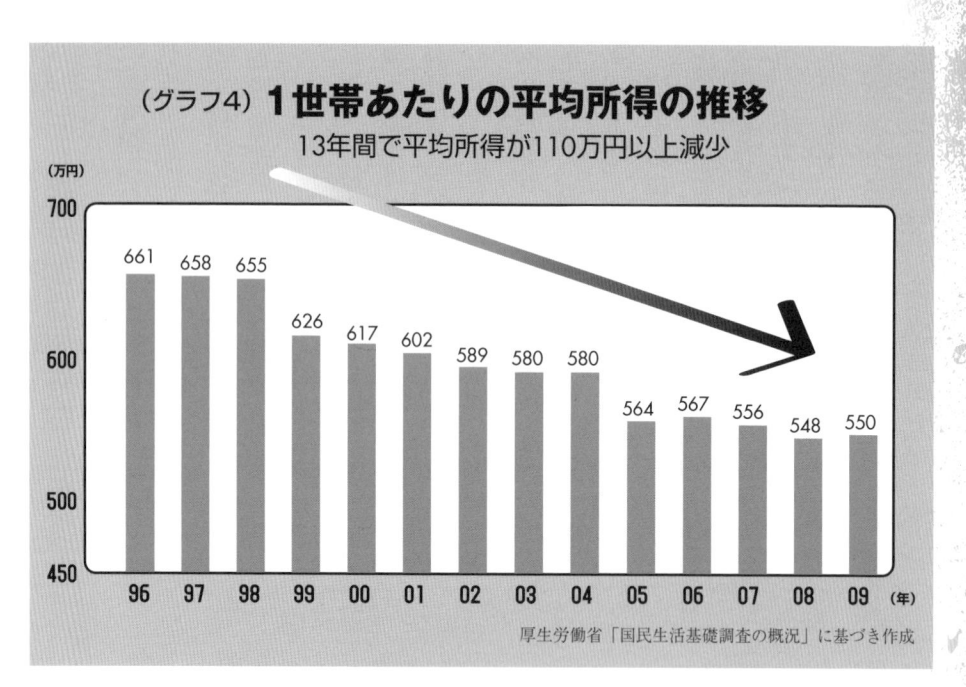

## （グラフ4）1世帯あたりの平均所得の推移

13年間で平均所得が110万円以上減少

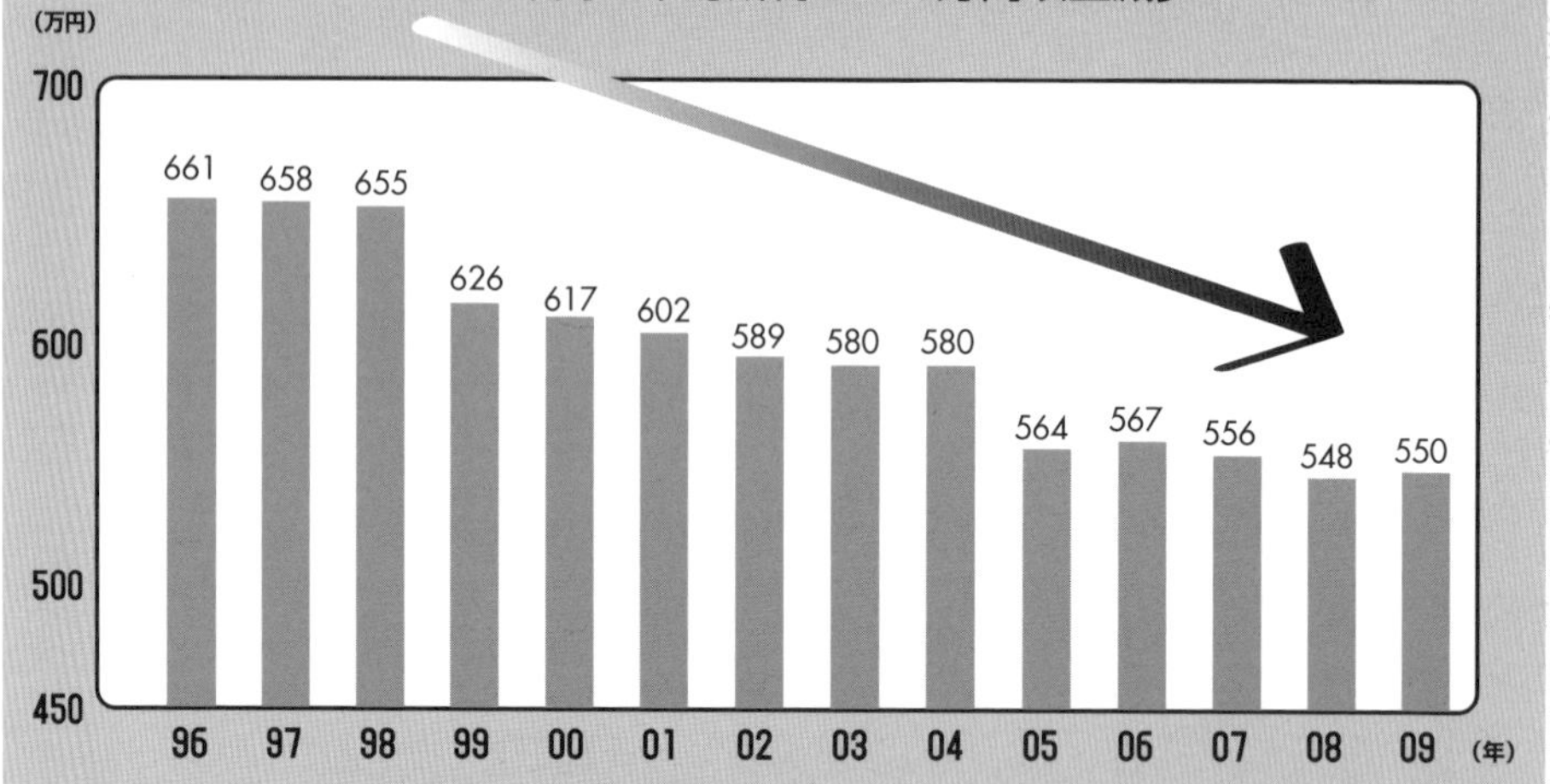


厚生労働省「国民生活基礎調査の概況」に基づき作成

## （グラフ5）完全失業率の年次推移

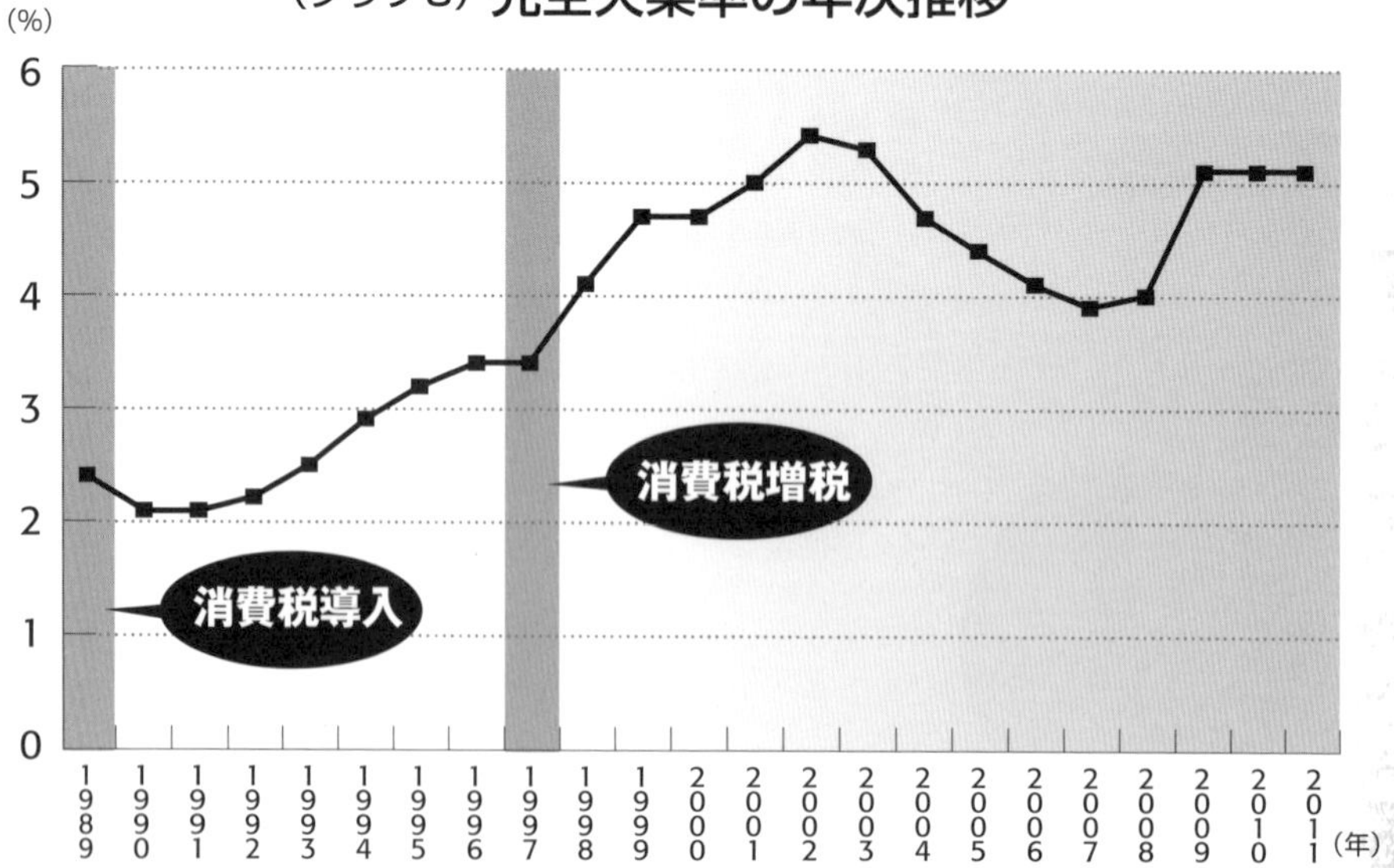


厚生労働省「労働力調査」に基づき作成

（グラフ6）自殺者数の年次推移

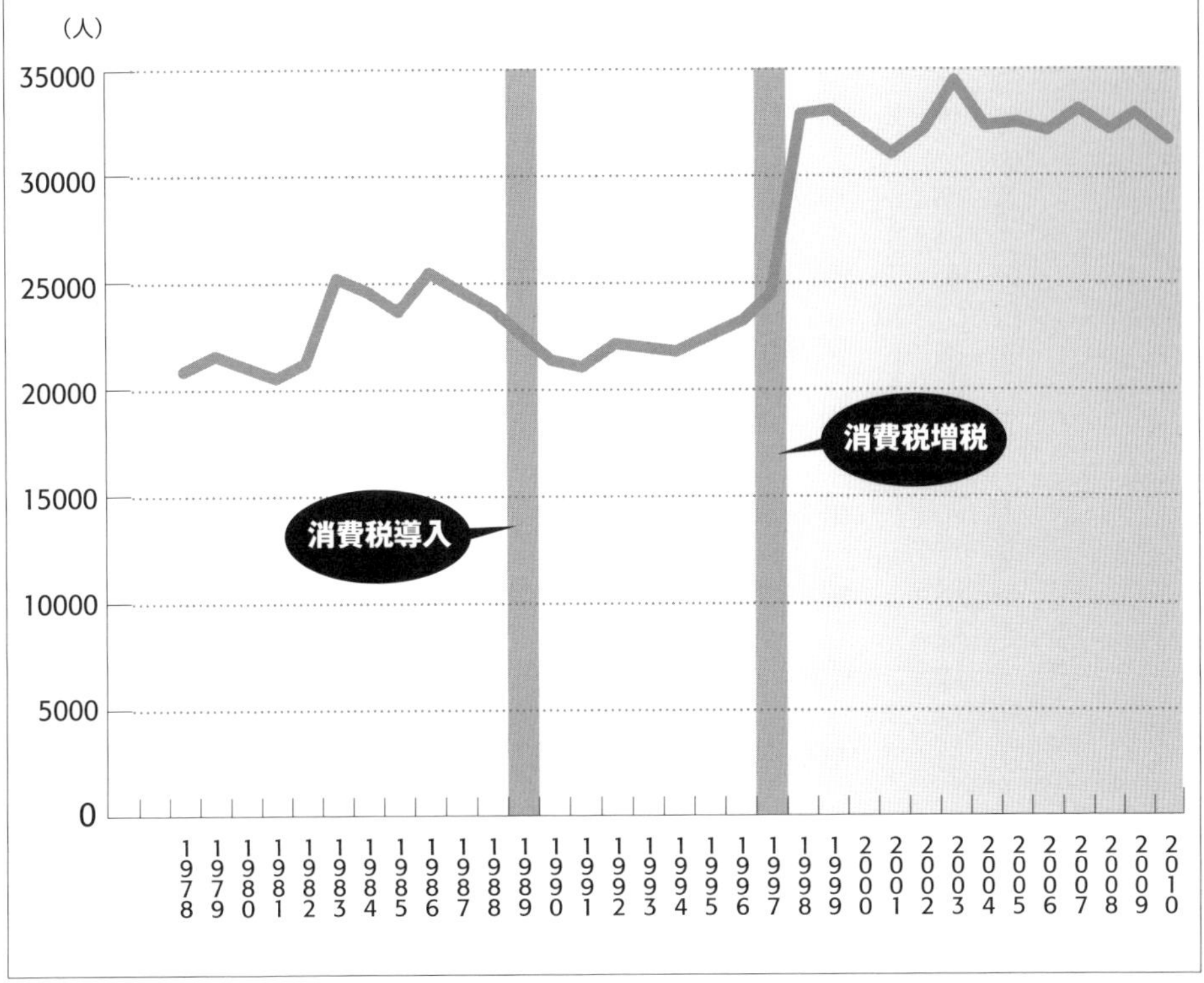


警視庁の自殺統計に基づき作成

降、リストラの増加と求人の減少が同時に起こり、失業率が急上昇。学生の就職率も急減し、〝氷河期〟と呼ばれるようになったのも、１９９７年以降でした（グラフ５）。

消費税を増税した翌年の１９９８年には、自殺者数が35％も急増しています（グラフ６）。以降、自殺者は毎年３万人を超える高止まりの状況が続いています。経済苦による自殺が急増していることからも「増税が国民を不幸にする」「自殺まで追い込んでいる」ことは明確です。交通遺児支援のためのあしなが育英会が、自殺遺児へ支援の軸足を移していったのもこのころです。

## 3. 増税は「百害あって一利なし」！

政治家や財務官僚、マスコミの常套句として「増税しなければ国家財政が厳しい」と言います。しかし、下の図グラフ7の通り、97年に消費税を増税して以降、税収は一度も97年を上回っていません。

消費税自体の税収が増えても、結局、増税が消費や投資を減らし、日本経済を冷え込ませ、所得税や法人税の税収が大きく減ったからです。「増税によって税収増を実現しようとする発想」がいかに愚かで、間違っていることは明らかです。

1985年以降で税収が増えたのは、90年代好景気の時期や03～07年の景気拡大期だけです。このグラフが明らかに示している通り、税収を増やす方法は、税率を上げるのではなく、経済成長以外にないことは明らかです。学生の就職率を上げるもの、給料を増やすのも、景気を良くするしかありません。増税は「百害あって一利なし」なのです。

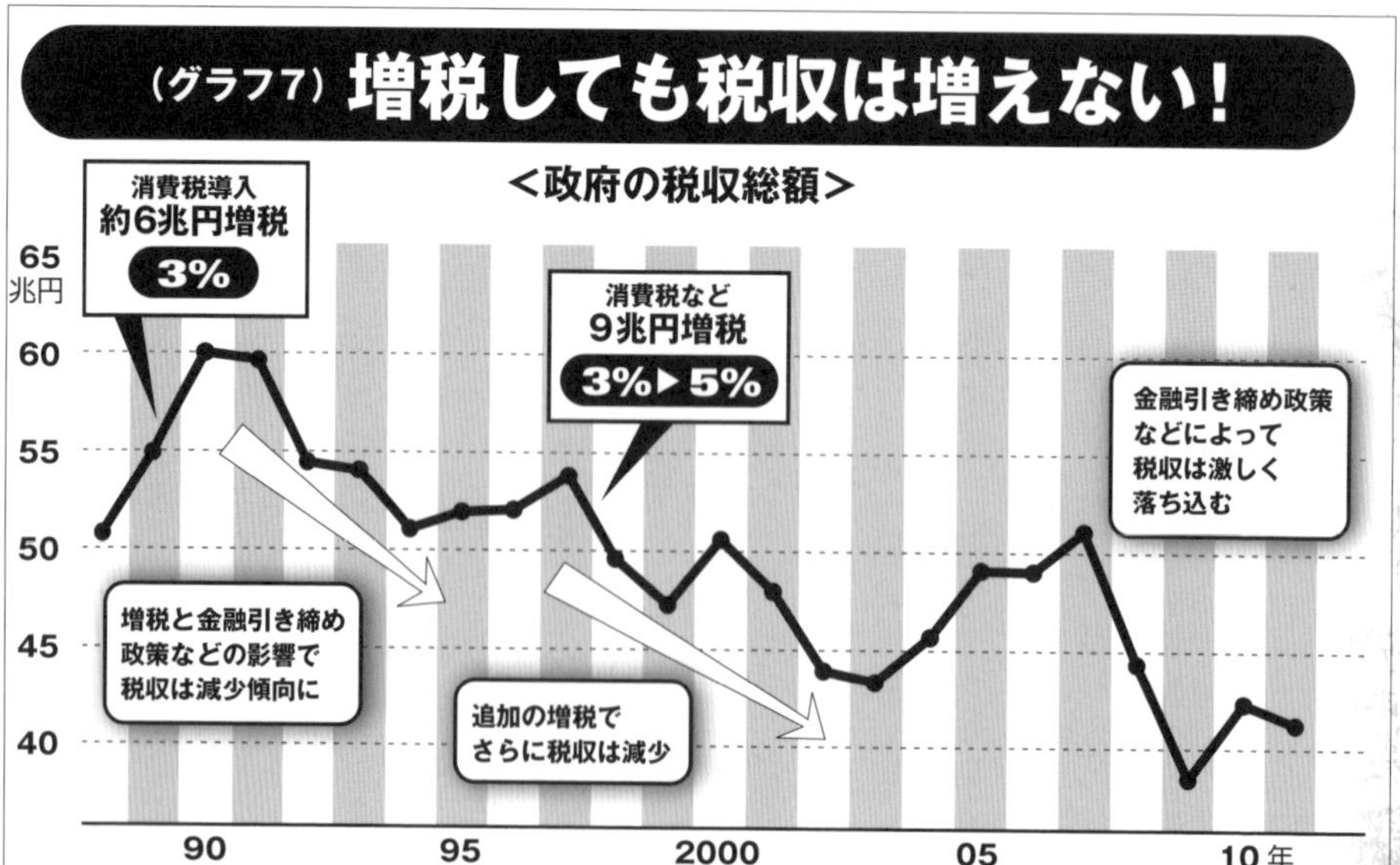


政府の税収総額

財務省の統計に基づき作成

# 財務省の「日本の国民負担率が低い」は統計のトリック

幸福実現党　政務調査会長
黒川白雲

## 財務省の統計トリック

政府が増税の根拠を示す際、よく用いるのが「国際的にみて日本は国民負担率が低いから、まだ増税の余地がある」という表現です。

ここで言う「国民負担率」とは、租税負担率と社会保障負担率を合計した国民所得に対する割合のことです。大雑把に言えば、私たちが稼いだ所得のうち、税金や年金、医療保険などのために支出する割合だと言えます。

財務省は、ホームページで「国民負担率の国際比較」と題し、国際比較のグラフと共に「日本の国民負担率は、主要先進国と比べると低い水準にあります」と説明しています。

最新の統計によれば、国民負担率は日本39・9%、アメリカ30・3%、イギリス45・8%、ドイツ53・2%、フランス60・1%、スウェーデン62・5%となっており、確かに日本の国民負担率はアメリカに次いで低い数値となっています。

この統計だけを見ると、日本も増税する余地が大いにあるような錯覚に陥りますが、ここに「統計のトリック」があるのです。

「第一のトリック」は、財務省統計では、租税負担と社会保障負担の合計の「国民所得」に対する割合を「国民負担率」としていることにあります。

国際標準では「国民負担率」は「国民所得に対する割合」ではなく、「GDP（国内総生産）に対する割合」が用いられています。

## 国民負担率の国際比較（出典・財務省ホームページより）

[国民負担率＝租税負担率＋社会保障負担率]　[潜在的な国民負担率＝国民負担率＋財政赤字対国民所得比]

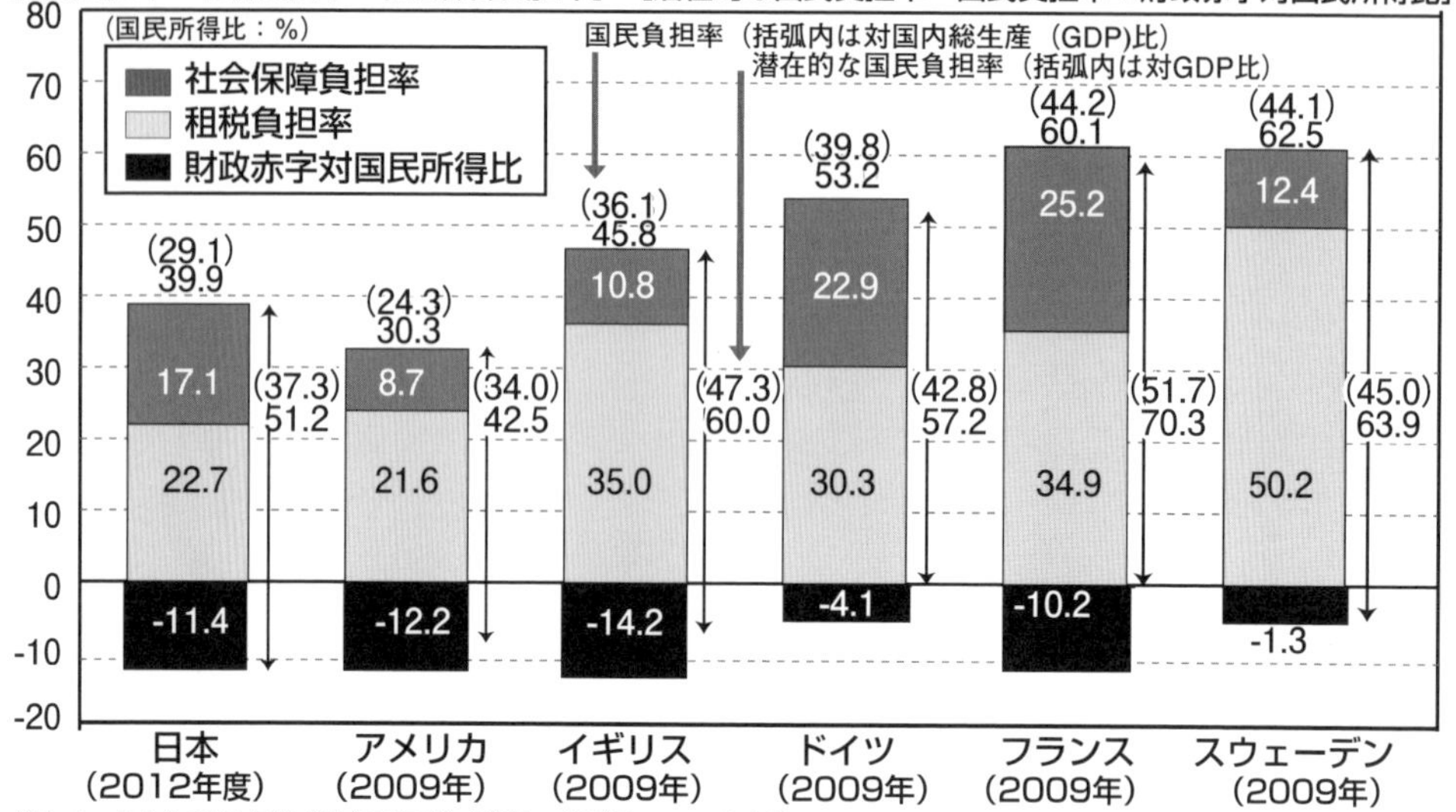


（注）1．日本は2012年度（平成24年度）見通し。諸外国は2009年実績。
2．財政赤字の国民所得比は、日本及びアメリカについては一般政府から社会保障基金を除いたベース、その他の国は一般政府ベースである。

『国際比較にみる日本の政策課題』（国立国会図書館）には「日本では一般的に、租税・社会保障負担額の対国民所得比が用いられますが、対国民所得比を用いると分母に間接税が含まれないため、税収に占める間接税の割合が高い国は相対的に負担率が高く表わされる傾向がある。OECDの統計では、国際比較をする際、租税・社会保障負担額の対GDP比で比較をして」いると記されています。

すなわち、財務省方式の「対国民所得比」を用いると、分母に間接税が含まれないため、間接税の割合が高い欧米の国は相対的に負担率が高く、日本は相対的に負担率が低く見えるというトリックが駆使されているのです。

実際、OECD方式である「対GDP比」の「国民負担率」で見ていくと、日本29・1%、アメリカ24・3%、イギリス36・1%、ドイツ39・8%、フランス44・2%、スウェーデン44・1%、となり、財務省方式と比べて、日本と欧米との差は大きく縮まります。（図1・財務省「国民負担率の国際比較」より）

「第二のトリック」は、税金負担と社会保障負担に財政赤字額を加えた割合である「潜在的国民負担率」を見せないようにしていることにあります。

「将来の税金」とも言える財政赤字を加えた「潜在的国民負担率」（対ＧＤＰ比）で比較すると日本37・3％、アメリカ34・0％、イギリス47・3％、ドイツ42・8％、フランス51・7％、スウェーデン45・0％となり、日本と欧米との差はさらに縮まります。

（図1より）

財務省方式では、日本と「高福祉・高負担」国家であるスウェーデンの国民負担率の差は22・6ポイントと大差がありますが、「潜在的国民負担率」（対ＧＤＰ比）で見ると、両国の差はわずか7・7ポイントに過ぎません。

結局、財務省の統計は、世論を増税に導かんがための「統計のトリック」を大いに駆使したものであり、こうした「悪意ある統計」を垂れ流しにし、国民を洗脳しているマスコミも同罪です。

## 「重税感」こそが問題の本質

また、「国民負担率」に関わらず、日本人の多くが「重税感」を感じている理由について、慶應義塾大学の土居丈朗教授は「払った税金に見合うだけのメリットを自分たちが得られないから」と説明しています（土居丈朗著『財政学から見た日本経済』光文社新書）

すなわち、「日本は国民負担率が低いから、まだ増税の余地がある」という単純な議論は間違いで、私たちの税金が無駄遣いされ、国民がメリットを受けていないことにこそ問題の本質があるのです。

「重税感」は「国民負担率」だけでは表されません。行財政の無駄を放置したまま増税すれば、日本国民はさらなる「重税感」を負うことになります。

「日本の国民負担率が他国と比べて重いか軽いか」は二の次であり、政府は「増税」を論じる以前に、まずは「払った税金に見合ったサービスが供給されていない」お粗末な国政・行政の現状を反省し、改革していくべきです。

# 幸福実現党

## 平和への決断

**国防なくして繁栄なし**

大川隆法 著

軍備拡張を続ける中国。財政赤字に苦しみ、アジアから引いていくアメリカ。世界の潮流が変わる今、日本人が「決断」すべきこととは。

1,500円

---

## 震災復興への道

**日本復活の未来ビジョン**

大川隆法 著

東日本大震災以降、矢継ぎ早に説かれた日本復活のための指針。今の日本に最も必要な、救世の一書を贈る。

1,400円

## 日本経済再建宣言

幸福実現党の「新・所得倍増計画」で
ＧＤＰ世界一を目指せ!

共著　幸福実現党党首　ついき秀学
　　　政務調査会長　黒川白雲
　　　静岡県本部幹事長　中野雄太

長期デフレを脱却し、新たな高度成長への道筋を解き明かす。希望に満ちた日本の未来が見える一冊!

1,400円


発行　幸福実現党
発売　幸福の科学出版株式会社


※表示価格は本体価格(税別)です。

## 新・所得倍増計画を実行せよ

# 日本の繁栄は揺るがない！

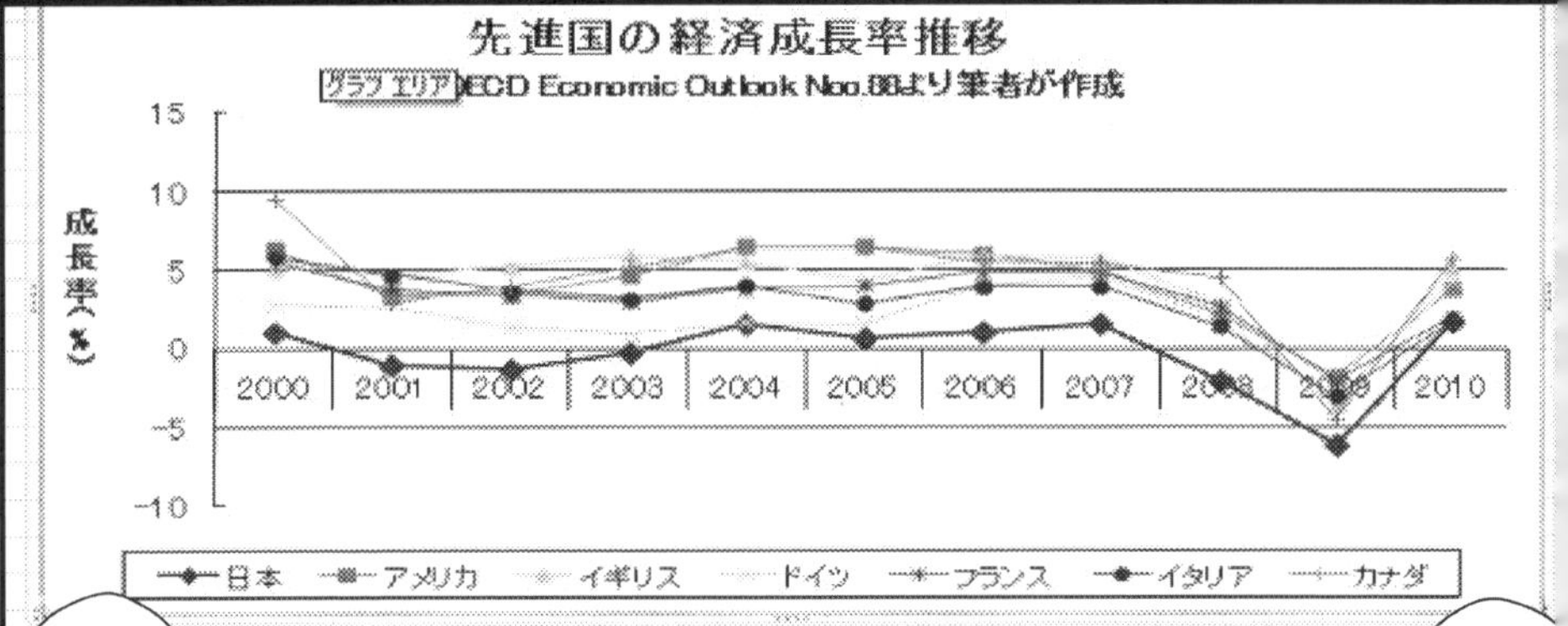

経済が成熟したから
成長できない?
アメリカはリーマンショック
以降も成長してるし
「成熟国家」といわれる
イギリスも5%成長してますね
これはどう説明できますか?
ギク…
日本だけが成長できないと
いうのはおかしいですよね?
成長する努力が足りないというのが
真理じゃないでしょうか?
い…いや
実際成長できてないし
これからも……
そうでしょうか?
努力目標が低いため
20年間日本経済は
低空飛行を余儀なく
されました
名目GDP（国内総生産）の推移
1997年以降も3%成長を維持
していたら、今頃GDPは750
兆円を超えていた。
(兆円)
750
700
600
500
400
300
0
1985 1986 1987 1988 1989 1990 1991 1992 1993 1994 1995 1996 1997 1998 1999 2000 2001 2002 2003 2004 2005 2006 2007 2008 2009 2010
消費税を引き上げ
した97年以降も
3%成長して
いたら――
なんと現在のGDPは
750兆円を超えていた
はずなんです!
750
兆円↑
OVER
現在468兆円
(2011年)
日本のGDP
しかし…
震災からの復興財源
の問題もある
やはり増税が必要だ
そうだ
そうだ
そこです!
それがだめなのです!
どういうことかね?
消費税の引き上げは
日本経済に深刻なダメージを
与えるものなのです!
え?

震災に直面した日本では、増税は禁じ手です
増税
家計の負担が増えるばかり
あー
もう生きていけないな…
増税は国を滅ぼす「破壊装置」なのです
消費税増税による自殺者の増加も大きな問題です
前回、3%から5%に消費税をあげたとき自殺者が大幅に増加、それ以来年間30000人をこえたままです
1998年の消費税増税の年には自殺者が前年より8000人増、経済生活や雇用などを理由としたものが大幅に増加した
遺書
あなたー!!
お父さーん!!
今回は前回以上の増税です
失われる命はどのくらいでしょうか?
……
う…
やはり経済成長による財政再建の方が家計にも国家財政にも優しい政策です
方針転換は今しかありません
いやしかし…!
具体的にどうしたらいいものか…?

今必要なのは、「日本の繁栄は絶対に揺るがない！」という信念です！
日本が経済成長できない理由がありますか？
財政危機は財務省の煽り
日本の借金 本当は371兆円 1000兆円はウソ！
日本の対外純資産は世界一！
たしかに…その通りだ
経済成長にはいくつもの方法があります 一時的に、財政金融政策を発動しますが、あとは民間活動を活性させる減税や規制緩和などが大事になってきます
7段構えの成長戦略
1・金融緩和
2・法人税の半減
3・リニアなどインフラ投資
未来産業への投資
4・規制緩和・撤廃
5・減税（所得税・相続税等）
6・健康で働き続けられる社会
7・人口増加策・移民政策
ほほう

理想はわかる
しかしそう簡単に
実行できるか？
当面はデフレの脱却と
経済成長を３％から
４％程度に定着させる
ことが大事でしょう
脱出！
デフレ
日本
いわゆる景気回復
の段階です
経済成長
4%
具体的には
このようになる
でしょう
☆財政再建への道すじ
政府の支出
75兆円
（国債費は除く）
税収不足分
３４兆円
税収
４１兆円
景気回復
不足分
２０兆円
③未来産業への投資
②法人税減税
①金融緩和
税収
５５兆円
高度成長
⑦人口増加策
⑥働き続けられる社会
⑤減税
④規制緩和
②・③が効果
税収
７５兆円
以上へ
財政黒字化！
育成をすることで
新しいマーケットを
つくることです
税収ＵＰ
新しいマーケット
雇用の
増収!!
人口増加や海外からの
投資や人材の流入で
さらに税収を上げる
ことができるでしょう
税収ＵＰ
海外からの
人材・資金の
増加
収入増加によって
出生率ＵＰ！
人口増加へ
確かにこれなら
健全で幸福な日本を
実現することができる
豊かで魅力的な日本を
目指すということです
そのためには今の悲観論を
打破しないといけません

そしてGDP世界一の国へと昇華していく未来ビジョンを日本国民が共有できたら
GDP世界一
日本経済の未来は一層明るくなります
成長を積極的に肯定し、繁栄する日本にすることが大事であって
わざわざ国民を貧しくさせる増税は、する必要はありません
NO
増税
減税や成長戦略を基調とする日本経済へ舵取りをすれば、私たちの子供にツケをまわすことなく、豊かな日本を継承することができます
国民の自由と選択の余地を与える減税路線＝小さな政府を実現する方向が、繁栄する未来へのカギとなります

# 「徹底的な無駄削減」無くして増税なし！

幸福実現党 女性局長
竜の口法子

## 公務員は民間の倍のボーナス

２０１１年11月30日、復興財源法が成立し、10・５兆円規模の臨時増税が決定しました。

そして増税を決定した直後の12月９日、国家公務員の冬のボーナスが支給されました。発表で支給額を知った時、民間との差に愕然とした会社員の方もいたことでしょう。

実に、管理職を除く一般の行政職（平均35・８歳）の平均支給額は61万７１００円で、前年より２万４２００円（４・１％）の「増額」となったのです。

国民には「増税」という形で「痛み」を押し付けておりながら、国会議員や公務員は保護されていることに対して多くの国民が憤りを感じたはずです。

これに先立って、みずほ証券が、全国３万３０００社の「民間企業」や「国と地方の公務員」を対象にしたボーナスの予想をまとめています。従業員５人以上の民間企業は、一人当たりの支給額が前年同期比「0.3％減」の37・８万円で、３年連続の減少とされたのに対し、

**(図1)民間と公務員の収入格差(平均年収)**

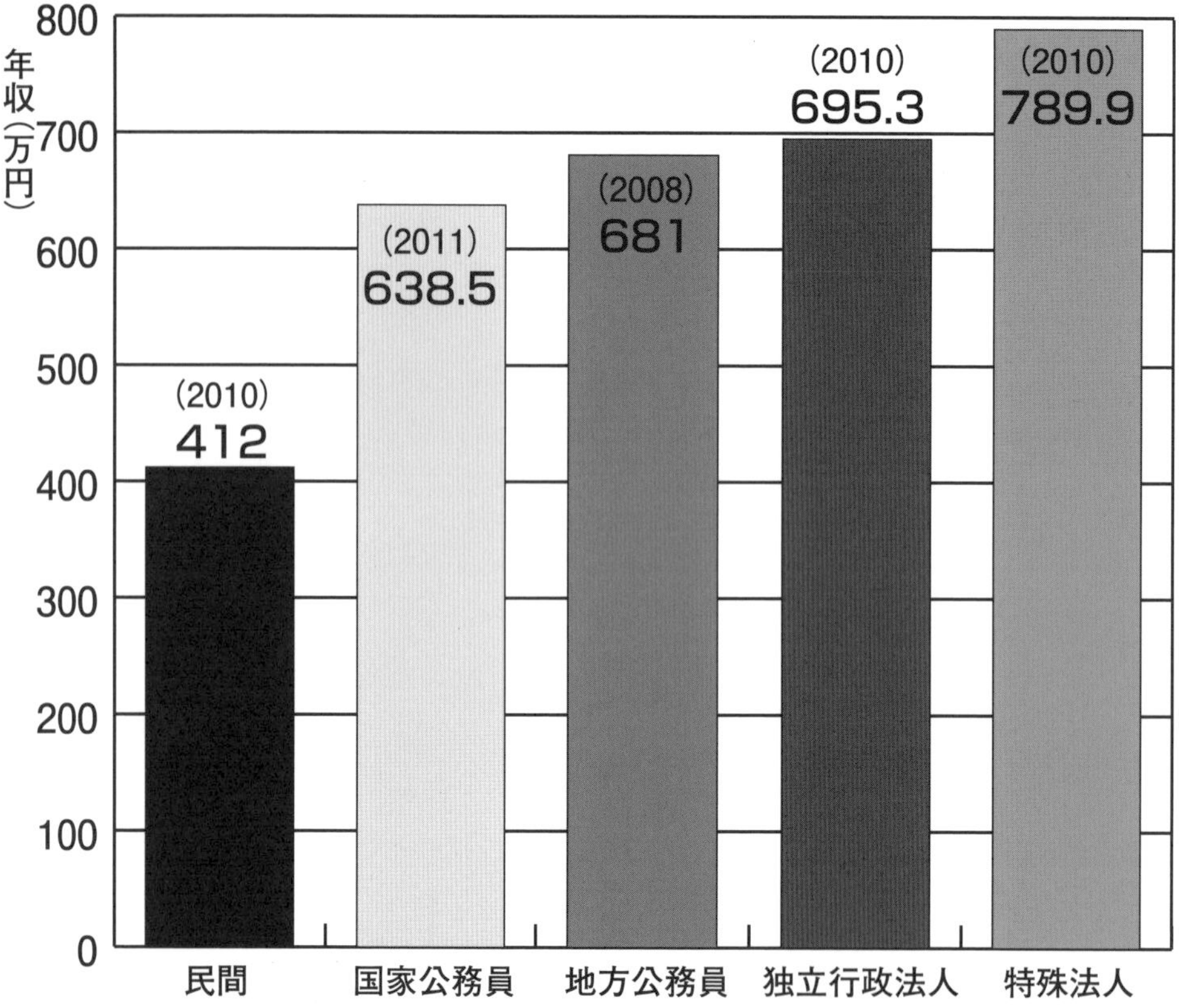


出典：民間給与実態統計調査(国税庁)、地方公務員給与実態調査(総務省)、国家公務員給与実態調査(人事院)。独立行政法人・特殊法人のデータは『週刊ダイヤモンド』(2011年10月15日号）による。
注1:国家公務員・地方公務員は一般行政職
注２:独立行政法人、特殊法人(給与水準公表対象となった９法人)は、事務・技術職

国と地方の公務員一人あたりの支給額は「1・8%増」の76・5万円となっています。実に公務員は民間の倍以上です。

図1で明らかなように、年収ベースで比較すると官民格差は1.5~1.6倍となっており、独立行政法人、特殊法人と比較すると1.7~1.9倍にもなります。

また、地方公務員の技能労務職を見ても、官民格差は明らかです。

図2を見て下さい。例えば、私の住んでいる品川区役所の清掃事務所職員の平均給与（月額）は46・1万円（民間29・4万円、官民格差1・57倍）、学校給食員の平均給与は39・8万円（民間29・9万円、官民格差1・33倍）、用務員の

平均給与は40・4万円（民間21・4万円、官民格差1・89倍）と、同一職種で比べても、公務員は民間より、かなり高い水準となっています。

## 公務員の給与制度の根本的見直しを

公務員の給与は法律により、「民間準拠原則」が適用されるはずですが、現状の高給を見るに、明らかに違法状態にあると言えます。こうした公務員の待遇について、幸福実現党は公務員の給与や賞与の一定割合をＧＤＰ成長率、あるいは日経平均株価などと連動させることを主張しています。

公務員の給料はすべて法律で決まっていますが、これを改め、公務員の給与も税収に応じて変動していくようにすべきです。実際、閣僚や高級官僚の年収が高額なことで知られるシンガポールでは、公務員の賞与はＧＤＰ成長率に連動しており、例えば世界同時不況の影響を受けた２００９年には夏のボーナスは支給されていません。

日本でも景気の変動に連動して公務員給与も上下するという形にすれば、官僚たちもデフレ下の増税という愚かな政策はやめて、経済成長をもたらす政策を真剣に考えるようになるでしょう。

こうすることで、実体経済を知らず、企業家精神に欠けると言われる官僚たちも、自らの官庁又は省庁と景気が直結するため、常に経済状況にアンテナを張って勉強し、智慧を絞り出して仕事をしている中小企業の社長さんたちの気持ちも分かり、経済感覚が研ぎ澄まされてくると思います。

## 国政の膨大な無駄の見直しを

２０１１年12月20日、総務省は各党に対し、政党助成法に基づく昨年4回目の政党交付金を支給しました。通年の支給総額は実に約３１９億円です。民主主義のコストを賄う名目で政党助成制度が始まったものの、その後も「政治

## （図２）地方公務員と民間の収入格差（東京都品川区）

<table>
<tr><th rowspan="2">区分</th><th colspan="5">公　務　員</th><th colspan="3">民　間</th></tr>
<tr><th>平均年齢</th><th>職員数</th><th>平均給料月額</th><th>平均給与月額</th><th>平均給与月額<br>（国ベース）</th><th>対応する民間<br>の類似職種</th><th>平均年齢</th><th>平均給与月額</th></tr>
<tr><td>品川区</td><td>48.3 歳</td><td>426人</td><td>318 ,400円</td><td>435 ,081円</td><td>391, 005円</td><td>—</td><td>—</td><td>—</td></tr>
<tr><td>うち<br>清掃事務所</td><td>44.7 歳</td><td>219人</td><td>312 ,500円</td><td>460 ,626円</td><td>390, 861円</td><td>廃棄物処理<br>従業員</td><td>44.6歳</td><td>294, 000円</td></tr>
<tr><td>うち<br>学校給食員</td><td>54.0 歳</td><td>32人</td><td>326 ,300円</td><td>397 ,669円</td><td>387, 656円</td><td>調理士</td><td>39.6歳</td><td>298, 800円</td></tr>
<tr><td rowspan="2">うち<br>用務員</td><td rowspan="2">52.3歳</td><td rowspan="2">148人</td><td rowspan="2">325 ,100円</td><td rowspan="2">403 ,705円</td><td rowspan="2">392, 777円</td><td>用務員</td><td>53.8歳</td><td>213, 600円</td></tr>
<tr><td>用務員※1</td><td>54.2歳</td><td>270, 249円</td></tr>
<tr><td rowspan="2">うち<br>自動車運転手</td><td rowspan="2">57.3歳</td><td rowspan="2">2人</td><td rowspan="2">337 ,900円</td><td rowspan="2">498 ,150円</td><td rowspan="2">458, 750円</td><td>自家用乗用<br>車運転者</td><td>56.0歳</td><td>316, 900円</td></tr>
<tr><td>自家用乗用車<br>運転者※2</td><td>50.1歳</td><td>443, 703円</td></tr>
<tr><td>東京都</td><td>46.8歳</td><td>1,815人</td><td>308 ,530円</td><td>416 ,733円</td><td>381, 581円</td><td>—</td><td>—</td><td>—</td></tr>
<tr><td>国</td><td>49.3歳</td><td>3,955人</td><td>284 ,514円</td><td>—</td><td>322, 291円</td><td>—</td><td>—</td><td>—</td></tr>
<tr><td>特別区</td><td>48.1歳</td><td>449人</td><td>313 ,863円</td><td>417 ,420円</td><td>385, 943円</td><td>—</td><td>—</td><td>—</td></tr>
</table>

（注）※１※２については特別区人事委員会における民間給与実態調査のデータを使用しています。（特別区内の民間類似職種の平成22 年平均）

出典：平成22年度「品川区の給与・定員管理等について」

とカネ」を巡る問題は後を絶たない状態です。1995年に、同法と合わせて施行された改正政治資金規正法で『5年後に政党への企業・団体献金の見直しを行う』とされましたが、その後も全面禁止は見送られており、「企業・団体献金と政党助成金の二重取り」問題も指摘されています。

政党交付金以外にも、国会議員は歳費・期末手当、文書通信交通滞在費、公設秘書給与等で、一人当たり年間6000万円以上の支給を国から受けています。

このような状態が温存されたまま、復興増税に続いて、消費増税や高所得者への所得増税が次々に進められようとしています。復興財源に充てるために議員歳費を月額50万円削減したのは2011年4月からの半年分に過ぎず、政治家の「隗より始めよ」という姿勢は不十分です。

## 増税ではなく徹底的な無駄の削減を

「国家公務員の総人件費2割削減」――これは、民主党の2009年の総選挙マニフェストです。しかし、民主党の最大の支持基盤である公務員労組の反対の前に、民主党政権は口先ばかりで、全く手出しができずにいます。

　昨年10月、野田政権は国家公務員の給与の平均0・23％引き下げを求めた人事院勧告の実施を見送り、給与を平均7・8％引き下げる特例法案成立を優先させる判断をしました。しかし、この給与削減が与野党間で合意されたのは、約4ヵ月後の今年2月です。

　遅れた理由は、民主党の最大の支持勢力である連合の意向を受けた労組系議員のドンである輿石東幹事長らが反対したことが原因です。しかも、わずか7・8％では「人件費2割削減」に遠く及ばないばかりか、肝心の地方公務員の給与については、全く手つかずのままです。

　官公労に支配された野田首相は、『公務員の人件費を大幅に削減します』などと、大きな声で国民に訴えてみせ、最後は小さな削減でお茶を濁し、国民を騙すのです。これが「ドジョウ戦略」です。

　増税の前に徹底的に無駄を省き、改革をしながら、「経済成長による税収増」を目指すべきです。今、大事なことは、しがらみの無い立場で、大胆な行財政改革を進め、行政効率を上げ、民間の力を引き出し、景気回復にはずみをつけていくことです。

　その意味で、今議論されている消費税増税案は、即刻撤回すべきです。

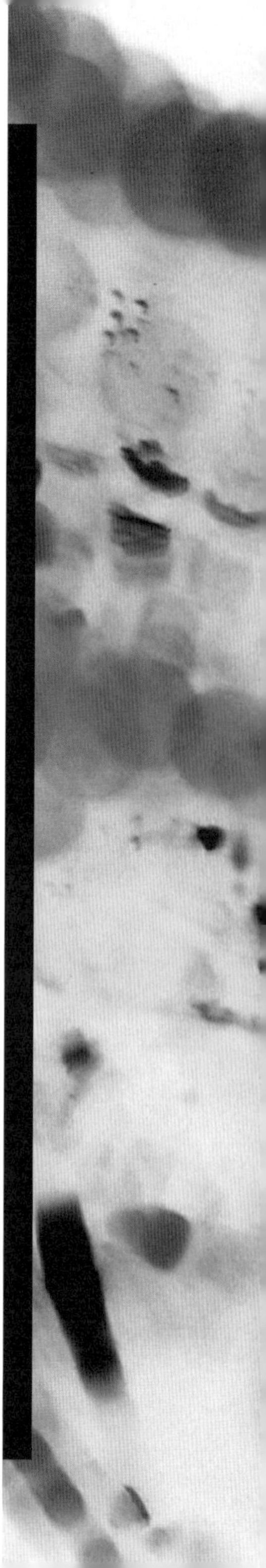

# 財政再建のためにも経済成長を

幸福実現党静岡県本部幹事長　中野雄太

## デフレ不況に震災が加わった非常事態

２０１１年9月、東日本大震災を復興させるための財源確保として、政府は11・2兆円の増税を発表。２０１１年11月末には復興増税の「財源確保法案」を通過させました。また、復興とは別に、税と社会保障の一体改革と称して、年金などの社会保障財源確保のために、消費税増税を明確にしています。日本にとっては非常事態であるにも関わらず、増税論議が先行しているのには首を傾げざるを得ません。

デフレ不況を、貧血（デフレ）で体調が悪い（不況）方と仮定しましょう。体調が悪いので、病院に行く途中、交通事故（震災）にあい、大量出血で入院を余儀なくされたとします。当然、医師は患者さんに輸血や点滴、

図１　日本国の貸借対照表（2009年末）　単位：十億円

| ■資産の部■ | | ■負債の部■ | |
|---|---|---|---|
| 現金・預金 | 18,800 | 政府短期証券 | 96,755 |
| 有価証券 | 91,728 | 未払金等 | 10,235 |
| | | 賞与引当金 | 292 |
| 未収金等 | 14,087 | 公債 | 720,552 |
| 貸付金 | 154,981 | 借入金 | 21,933 |
| 運用寄託金 | 121,401 | 預託金 | 8,783 |
| 貸倒引当金 | △2,562 | 責任準備金 | 9,904 |
| | | 公的年金預り金 | 130,434 |
| 有形固定資産 | 184,502 | 退職給付引当金等 | 12,138 |
| 無形固定資産 | 259 | その他負債 | 7,987 |
| 出資金 | 58,238 | 負債合計① | 1,019,017 |
| その他資産 | 5,586 | ■資産・負債差額の部■ | |
| | | 資産・負債差額② | △371,993 |
| 資産合計 | 647,023 | ①＋②＝647,023 | |

財務省のデータより著者が作成

外科手術などを施します。間違っても、採血をするようなことはしません。患者さんが失血死してしまうからです。

政府が進めている増税は、貧血と交通事故で出血している患者から採血する政策であり、日本経済を死に至らしめかねません。事態の悪化を最小限に食い止めるのが本来の政府の経済政策のはずですが、出てくるのは国民に負担となる増税ばかりです。

## 財政危機を煽り増税を正当化する財務省

増税論を陰ながら進めるのは、「増税推進の総本山」である財務省です。彼らは、実に巧妙に増税の必要性を訴えています。例えば、「政府は１０００兆円を超える借金があり、国民一人あたりで換算すれば７００万円以上になる」という具合です。

ここには「隠された真実」（注1）があります。最新版（２００９年）の国の貸借対照表を見ると、政府資産は６４７兆円、負債は１０１９兆円です（図1参照）。つまり、政府には莫大な資産があることを見事に隠しているわけです。政府の実際の負債は、資産から負債を引いたマイナス３７１兆円で評価するべきです。これは、複式簿記の原則であり、純債務と呼ばれます。国際標準でも純債務で評価しており、粗債務と呼ばれる１０１９兆円だけで評価するのは公平性を欠きます。

増税を実現したい財務省は、都合の悪い数字は隠蔽する傾向性があります。政府に６５０兆円もの資産があれば、「増税は必要ない」と国民に判断されることを恐れているのです。

民間の赤字企業がリストラをするケースを考えるとわかりやすいでしょう。

通常、借金が多い企業がリストラをする際には、合わせて資産の売却が行われます。人員の削減と資産の売却は同時並行に行われるものであり、政府であっても事情は同じです。つまり、公務員削減や給与削減、特殊法人の売却などは当たり前のことなのです。「リストラなき値上げ」をする民間経営者はいません。さもなければ、消費者は納得しないからです。

増税の前に、まずこうした赤字の原因を徹底的に取り除くのが当たり前のことなのです。

## 赤字国債の比率が高まっている＝政府の無駄遣いの増加

図1を見ると、政府負債の部で一番大きいのが「公債」です。これは国債のことで、国が民間からお金を集める借用書を意味

（注1）拙著『日本経済再建宣言』（幸福実現党出版　２０１１年）第三章では、財務省による増税正当化の手口を紹介しています。

図2　公債残高の推移

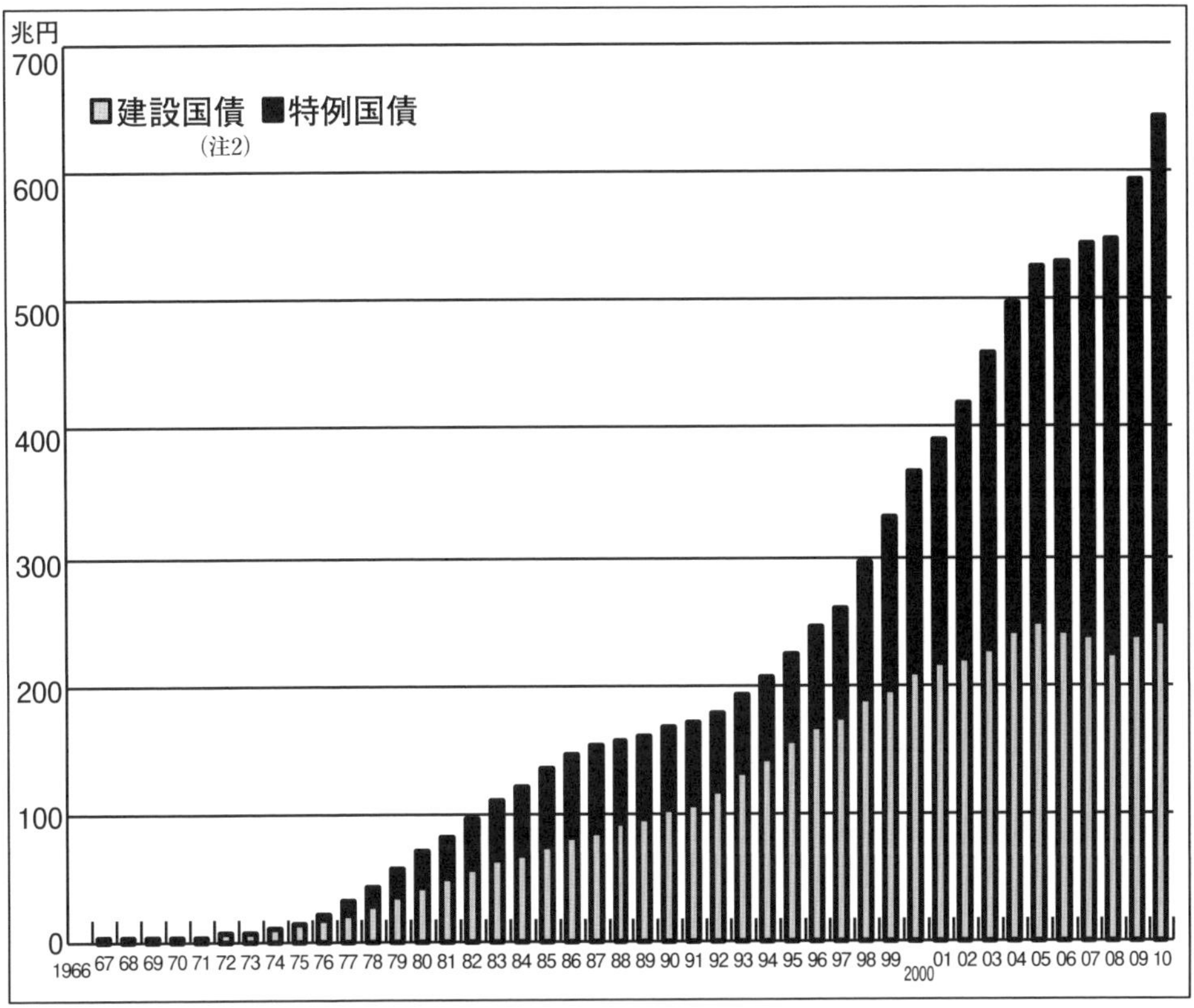


財務省のデータより著者が作成

します。我が国の公債残高は増加の一途をたどっており、７００兆円に迫る勢いです。（図２）

２００９年以降は、民主党政権となって税収を上回る発行額となりました。赤字国債とは、政府支出の不足分を補填するものなので、次なる富を生む投資とは、到底言えません。

民主党政権への政権交代以降、子ども手当や公立高校の授業料無償化、農家への戸別所得補償などに使用されています。どれも、経済効果が疑わしいものばかりで、単なる選挙対策のバラまき政策です。

子ども手当を出すくらいなら、減税で景気を良くして、お父さんやお母さんの給料を上げる方がよほど健全でしょう。

## 公債残高は増税の理由にはならない

国債は政府の借金なので、いずれ税金で返済しなければなりません。10年国債であれば、10年後に金利をつけて、国債保有者に返します（これを償還と呼ぶ）。

そのために政府は相応の税収を確保する義務があります。個人や会社であれば借りた金を返すためには、資産の売却や無駄の削減などの努力をしますが、財務省にはリストラ計画に相当するものは見当たりません。実に不誠実な借り手です。

さて、国債とは、政府にとっては借金を意味しますが、国債保有者から見れば資産であることを忘れてはいけません。国債を購入しているのは国民です。つまり国民は国債を購入するだけの金融資産を保有しているということになります。

図3は、日本全体でどれだけの現金や株等の資産及び借金があるかを示すものです（日銀が発行する資金循環統計）。よくメディアで報道される、「家計の金融資産１４００兆円」というのは、資金循環統計からの引用です。これを見ると、家計がいかに多くの金融資産を所有しているかがわかります（A）。同時に、日本全体の金融資産残高（B）は、約２６５兆円の黒字を計上していることから、日本はまだまだ国債を購入する余力があると言えましょう。

国債保有の８割は金融機関です。さらに、同統計の中では、家計の現預金は８００兆円を超えていることも示されています。実は家計の預貯金を原資にして、金融機関は国債を購入しています。「私は国債なんかみたこともない」という方もいらっしゃると思いますが、実は大いに関

(注2) 建設国債は、別名四条国債とも呼ばれます。赤字国債との違いは、公共投資を通じて造られた道路や橋などが、政府の有形固定資産に計上されることです。つまり、国民のための資産を作るという側面があります。

図3　日本の金融資産負債残高

単位：億円

| 分類 | 資産 | 負債 | 純資産 |
|---|---|---|---|
| 金融機関 | 28,173,637 | 28,014,845 | 158,792 |
| 企業 | 8,216,304 | 11,600,578 | -3,384,274 |
| 一般政府 | 4,844,764 | 10,477,114 | -5,632,350 |
| 家計 | 14,806,062Ⓐ | 3,658,265 | 11,147,797 |
| 民間非営利団体 | 540,203 | 183,608 | 356,595 |
| 計 | 56,580,970 | 53,934,410 | 2,646,560 Ⓑ |

出典：日本銀行「資金循環統計」2011年3月末

係があったのです。

　また、国債を購入している金融機関も黒字を計上していますので、日本人が懸念しているような『国債の売却＝国債価格下落（長期金利上昇）』の可能性は低いと言えます。

　したがって、公債残高を（赤字国債残高）理由に増税を主張するのではなく、国債の発行を最小限に抑えつつ、公務員給与削減や特殊法人の売却など、政府の無駄を削り、経済を成長路線に乗せ、税収が上がる制度にしていくことが国や財務省の本来の仕事なのです。

　増税だけが先行したならば、財政再建に失敗します。方針転換は今しかありません。

# 吉田きょう授のつまらぬ咄《はな》し 1

### できない阿房《アボウ》宮をつくる

秦の始皇帝という人がいました。中国だけでなく度量衡や漢字の字体、また馬車などの車輪の幅まで統一します。万里の長城や雲陽からモンゴルの五原にいたる道を造りました。咸陽（現在の西安）の都は手狭だと、渭水の対岸に阿房宮と呼ばれる300の宮殿の建設を始めます。始皇帝の後を継いだ胡亥は、『宮殿造営の中止は先帝の名を汚す』と、国が滅びるまで止めませんでした。できない事業に民の労役を費やしたのです。

## 馬総理の仕事、鹿総理の仕事

専政君主が、人々の労役を使って造った道路や宮殿は専政君主の物となります。主権者となった人々から選ばれた権力者が、主権者のために造った道路や建物は主権者の物となります。

川は交通を阻みます。川向こうに住む人の作った物を手に入れるためには、渡し船で川を渡らなければなりません。

馬という名の総理が、人や物資の流通を盛んにするために橋を架けました。木の杭に支えられた木の橋です。いつでも渡れる橋は両岸の交通を簡単にします。好みの品物を用意している店をみつける機会が増え、人々の生活は豊かになります。

馬総理の後を継いだ鹿総理は、杭が腐るのを放置していました。総理になってから数年がすぎて、その橋は落ちて使えなくなりました。鹿総理は、橋の状態をみて補修し、架け替えの資金の準備をしておくべきでした。専制君主の政の時代、あるいは立憲君主制の時代ならば、公共財は唯一人の主権者でもある権力者のものです。民主政下では、主権と権利は分離しています。

公共財を政府のバランスシートから納税者バランスシートに移すことで、総理大臣のバランスシートを作ることができます。

支払いの約束、つまり負債が資産よりも多いのが現在の行政の財政状態です。この差額を「将来の税金」と呼びます。これが、「子供にまわしたツケ」です。

この数字を大きくする総理大臣には、財政運営能力がないということになります。次の選挙では落選してもらいましょう。

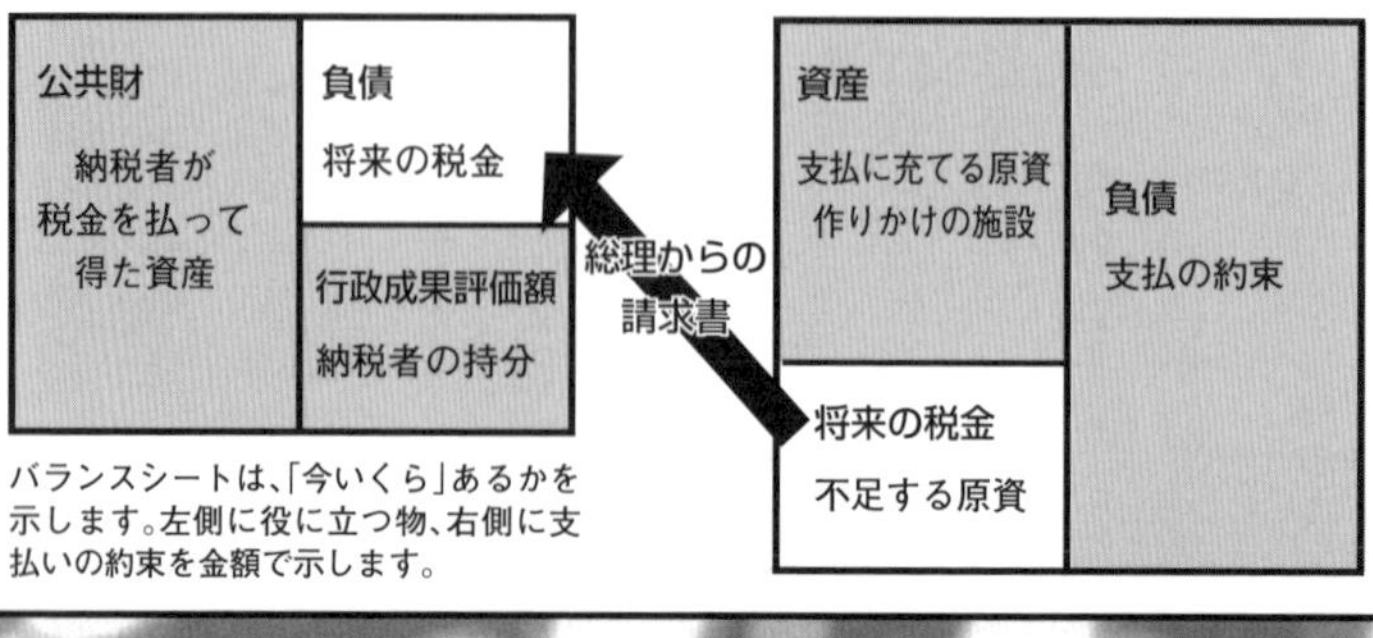


バランスシートは、「今いくら」あるかを示します。左側に役に立つ物、右側に支払いの約束を金額で示します。

# コミック 子どもにツケをまわさない

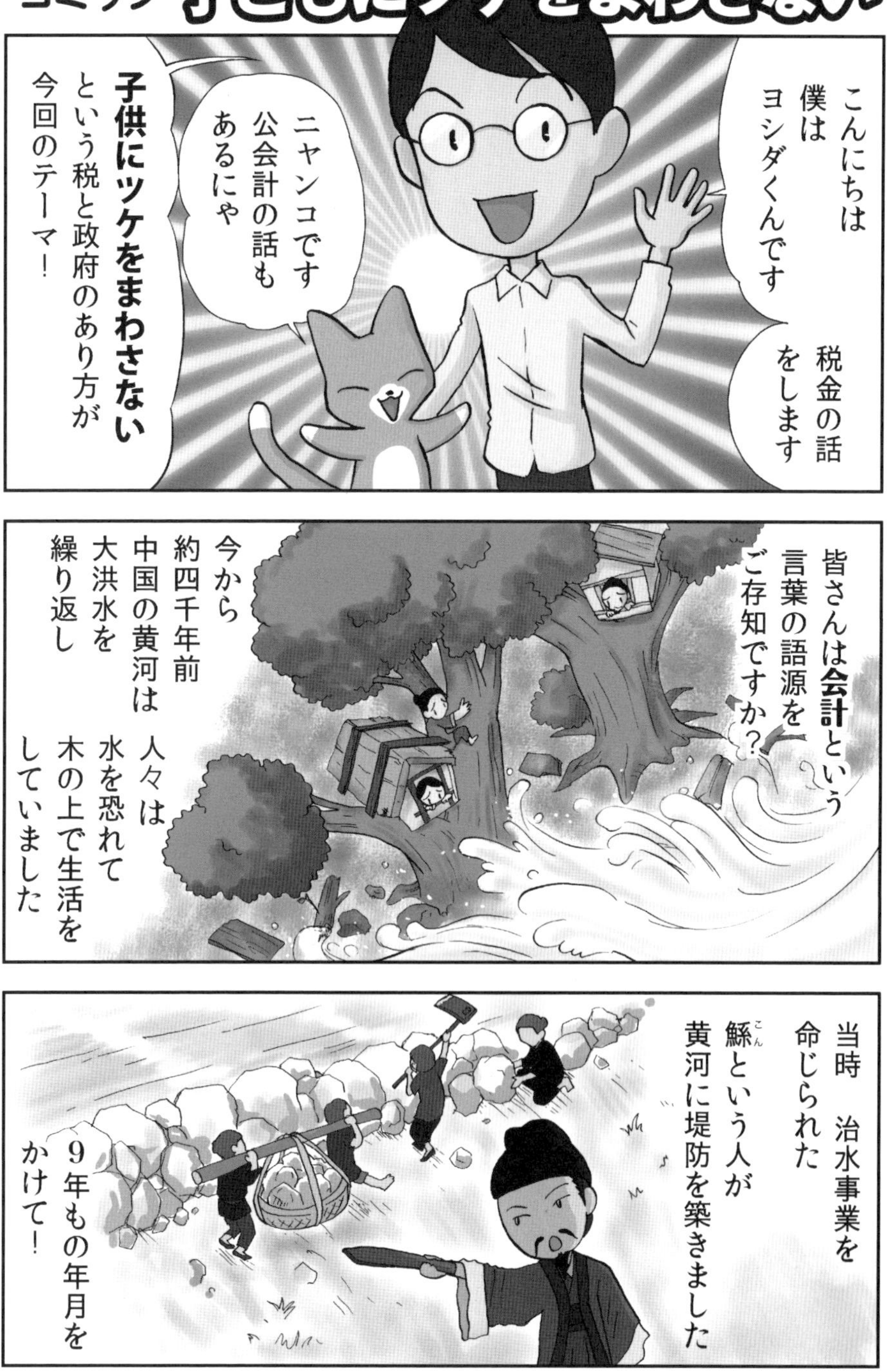

にもかかわらず
洪水の被害は
減らず
民の労役を無駄にした！
働き損だ！責任取れ！
死刑だ！
税金をムダにした罪で……
鯀《こん》さんは死刑に……
この事業を引き継いだのが鯀《こん》さんの息子の禹《う》さん
やった！
父さんやったよ
彼は13年かけて父が失敗した治水工事をやり遂げ
民は田を開墾し米を作ることができるようになりました
司馬《しば》遷《せん》の『史記《しき》』に
禹会諸侯江南計功
史記
禹は一緒に治水の仕事をした諸侯と江南で会って功績を計った
とあります
これが会計の始まりです
つまり人の能力を適切に評価して適材適所を実現する…それが会計だったのです

確かに税金をムダ遣いされたり
必要以上に払わされるのはイヤですよね
そもそもなんで税を払うのかにゃ？

それについての解説…義務説や利益説などが大学の財政法や税法の教科書に載っています
オレ大学行ってないから知らないにゃ！
なるほど憲法第30条の国民は、法律の定めるところにより、納税の義務を負ふは　納税の根拠となっています

では思い出して
憲法第30条の前憲法前文には主権在民と書いてあるじゃないですか
主権って何にゃ？
主権とは略奪する力課税する権利
課税権は国民にあるんです
だからなぜ我々が税を払うのかというと
我々が承諾するからなんです

税金を払ってもいいよとか払いたくないとかどうやって伝えるにゃ?
選挙で表明します選挙こそが意思表示!
税金についての政策が気に入らない!投票したい候補者がいない!
こんなに地方税を払いたくない!もっと税金安い所に
引っ越そう~
というやり方もあり…
身のない魚とか腐った魚しかないんじゃ
選べないにゃ~!
選挙で意思表示するにも20歳以下の子供たちは選挙権がないにゃ
そう
子供たちは税金を払うことについて意思表示ができないんです

●選挙では約束を守る人を選ぶことが大切です。

国家予算を国民1人当たりに計算すると
1人につきおよそ41万円の税金を払い106万円を使っていることになります
ミャーッ
65万円赤字にゃ！
5人家族なら約205万円を払って530万円使ってる
ぜんぜん足りてにゃ〜！ この不足誰が払うにゃ？
この不足が子供にまわしたツケになるのです
子供にツケをまわさないそう選挙で約束する人たちが増え約束を守る人を選ぶことができるようになれば
子供にツケをまわさない社会が実現するでしょう！

# 子供にツケをまわさない！

公会計研究所代表　千葉商科大学大学院教授
吉田寛

## 「会計」のはじまり

皆さんは、「会計」という言葉の語源をご存知でしょうか。今から約4000年前、中国の黄河は大洪水を繰り返し、人々は水を恐れて木の上で生活をしていました。

黄河の治水事業を命じられた鯀（こん）という黄帝の曾孫にあたる人が、9年の歳月をかけて堤防を築きます。しかし、洪水の被害は減らず「民の労役を無駄にした」、今風にいうと税金を無駄にしたかどで、死刑になりました。今は、税金を無駄にしたからといって死刑になる人はいないようです。そもそも、民の労役を使うことは、命がけの仕事なのです。

工事を引き継いだのが、鯀さんの息子の禹（う）です。禹さんは13年かけて、父が失敗した治水工事をやり遂げます。木の上で生活をしていた民は田を開墾し米を作ることができるようになり、豊かな生活をするようになりました。

司馬遷の『史記』によれば、『禹会諸侯江南計功（禹は一緒に治水の仕事をした諸侯と江南で会い功績を計った）』とあります。これが「会計」のはじまりです。そして、禹は徳のある人には爵位を授け、功績があった人には土地

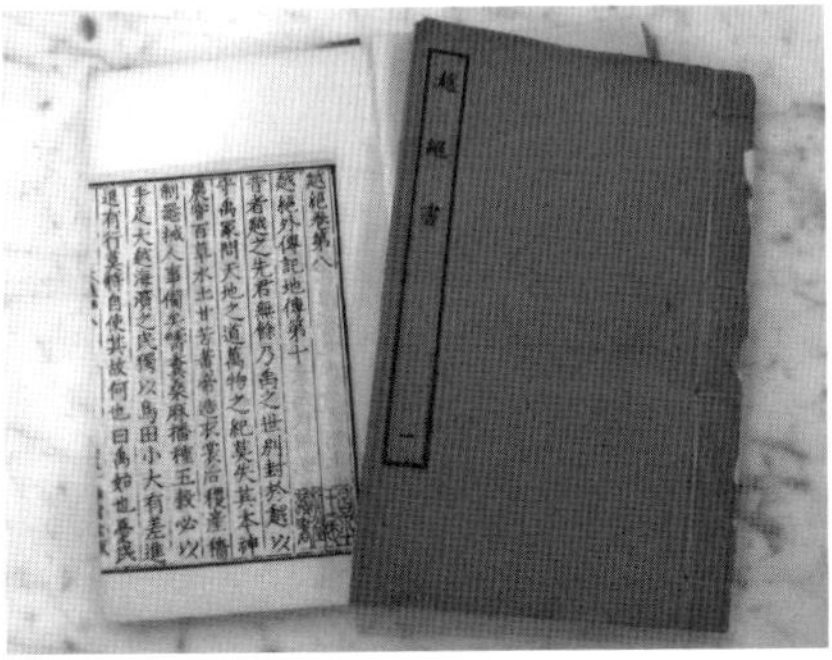

大会計が記された『越絶書』のページ
この『越絶書』は、商務印書館（1897年に上海に設立）が1919年から発行した四部叢刊の一部です。

を与えました。こうした評価を『越絶書』では「大会計」と記しています。

「会計」とは、人の能力を適切に評価して、適材適所を実現することだったのです。会計というのは、数字の羅列ではありません。この人に仕事を任せて良いのかどうかを分かるようにすることが、重要なのです。任せた人が良い仕事をすれば、その人に継続して頼むことになるし、だめなら解任する。その人との付き合いをやめるというわけです。

　レストランでする「お会計」が、この意味を強く継承しているかもしれません。レストランでの食事が終わると「お会計」をします。お店が提供した食事と請求書を比べて、満足感に見合うのであれば、そのレストランをまた利用することになります。「お会計」が割に合わないと感じれば、そのレストランを利用するのはその日が最後になります。

## 税は略奪

　禹が生きていた頃に漢字が生まれます。左の図の右側の文字は、現在の「民」になる字です。人の目を針で突いているところを表しています。この字が生まれた頃の奴隷は、逃げてもすぐに分かるように、片目を傷つけられました。傷つけられて白濁した目が、奴隷の目印だったのです。この字義が転じて、命令に反抗せず従う人、素直な人という意味で、現在の「民」という字になりました。

正しいという字と民という字

　今でこそ民の目が、物理的に傷つけられることはありません。しかし、次の４つの方法で、民の目はつぶされています。

第一の方法：主権者が何者かを忘れさせる。

第二の方法：主権者に情報を提供しない。

第三の方法：主権者に選択肢

を提供しない。

## 第四の方法：税制度を複雑にする。

　第四の方法から確認しましょう。税が何種類あるかご存知ですか？この前数えた時は、国税は23種類。全部覚えるのは「酷」な数の税です。地方税は45種類です。税の名称を覚えるだけでも「痴呆」になりそうです。あるべき税制度を考えるためには充分複雑ですね。

　第一の方法で指摘した「主権者は何者か？」を確認しましょう。専政制は、「ただ一人の専政君主が主権を持つ」統治形態です。これに対して民主制は、「人民が全体として主権を持つ」統治形態です。主権は、強制的に相手の権力に介入する力であり、生存権に介入すれば徴兵となり、所有権に介入すると徴税となります。

　前ページの図の左側の字はやがて「正」となる字です。この字の一画目は、塀で囲まれた村を表します。漢字が生まれた頃には農業の生産性が高まり家族や部族をその生産した農作物によって養うことができるようになります。そして、彼らの住む村を塀で囲みます。その下の「止」という字は、この村を襲い略奪をしようとする兵隊達の足跡を示します。村を襲って略奪をする力が、やがて正当化され今の「正」という意味を帯びるのです。

　「政」という字は、「正」という字を偏とします。その旁は、村を支配し略奪を行使するために、右手に持った杖で叩く様を表しています。

　「正」という字や「政」という字が青銅器に鋳込まれてから３０００年以上が経過した１９２０年代、米国の第30代大統領となったカルビン・クーリッジも同じように「政」の本質を「必要以上の税を集めるのは合法的強盗である」といいあてています。

　専政制は、「ただ一人の専政君主が略奪を行う」統治形態となります。そして民主制は、「人民が多数決により略奪を行う」統治形態なのです。なんでも多数決で決めようとする時に感じる後ろめたさは、多数決という言葉に隠された略奪に荷担することから感じるのかも知れません。あるいは、多数決によって決せられた強制力がいつかあなた自身に降りかかるのを畏れているからなのかも知れません。

## 分業と協業から富は生まれる

略奪をする他にも他人の成果を利用する方法はあります。交換を申し出るのです。人々が交換を学ぶのは、禹が会計を行う随分前のことです。

人々に鋤や鍬の使い方を教えたとされる人に神農と呼ばれる人がいます。神農は、生活を取囲む様々な植物を、有用な植物なのか、あるいは遠ざけるべきなのかを、自らの体を使って検証しました。そして、作物として有用な植物も見出します。人々は植物を栽培することで、採取するよりも多くの食物を手にすることができるようになります。

長江の中下流に位置する彭頭山（ほうとうざん）遺跡から9000年から8000年前に稲作を基盤とした生活の跡が見つかっています。神農という名前に潜む多くの人々は、この時代に身の回りにある植物が食べられるか食べられないかを試し、栽培に挑戦したのでしょう。

生産物に余剰ができると、神農は市場で取引をすることも教えます。夜明け前から荷を担いでようやく市場にたどり着く人でも参加できるように、太陽が南中する時に市を開くようにしました。

山里で生活する人、草原で生活する人、川辺で生活する人、そして海辺で生活をする人、それぞれの生活の場では容易に手に入れることができる物であっても、別の場所で生活する人には手に入れることはできません。市場で交換

神農の図　医薬品の問屋が集中していた大阪市中央区道修町の少彦名神社に祀られています。

をすることで、他人の成果を利用することができるのです。

「各得其所、自分の得意な仕事をすることで身を立てることができるようになった。」史記は、神農が市場を創った成果をこのように伝えています。

　神農が生きていた時代からおおよそ6600年が経った1776年3月9日、グラスゴー大学の道徳哲学の教授であったアダム・スミスが、『諸国民の富』を発行します。

『諸国民の富』は、ピンの製造に分業を採用することで生産力が改善することを指摘してはじまります。アダム・スミスは取引を、「私の欲しいものをください、そうすればあなたの欲しいものをあげましょう」と定義します。取引にも良い取引と悪い取引があります。良い取引は、取引に参加した両者が「ありがとう」で終わる取引です。悪い取引は、取引に参加した少なくともどちらか一方が、「ありがとう」といえない取引です。勝つか負けるかの視点で語られる投資は、この要素が強いですね。

　良い取引が増えることで社会的な富は蓄積されます。悪い取引は、どちらか一方の富だけを増やします。略奪は、略奪をした者の富は増やします。しかし略奪を受けた者には、悔しさや不安が残ります。社会的な効用は減少します。

　略奪から生まれた税金も同じです。払った時に「ありがとう」と納税者がいえれば、良い税金なんですけどね。

　人々は、市場の店先に並ぶ品物を手に取り吟味します。そして値札と財布の具合を確認して購入するか、しないかを決めます。そこでは、品物を作った生産者の能力が評価されているのです。

イギリスで使われている20ポンド紙幣
イギリスは、欧州連合(EU)の加盟国ですが、通貨はポンドを使っています。ユーロ構想のとりまとめが行われていた当時の英国首相サッチャー男爵が、EU からの経済的独立を狙ったからでしょう。20 ポンド紙幣には、アダム・スミスの肖像だけでなく、ピン製造における分業の図も描いてあります。

生き物は、食うか食われるかの関係の中で命を繋ぎます。そして、弱肉強食の関係を生き延びるうちに生物多様性が生まれました。

市場は、それぞれの人に恵まれた才能と努力によって身につけた知識と技術を他人に提供して命を存（ながら）えることを可能にしました。豊かな社会は、それぞれが異なる能力を持つ多様な人々の成果によって支えられているのです。

## なぜ税金を払うのか

アダム・スミスが『諸国民の富』を発刊した１７７６年は、民主政を理想とする人達にとって実り多い年でした。７月４日にアメリカで独立が宣言されるからです。砂糖・契約・茶・ガラス・紙・ペンキ等、消費税のように如何なる取引にも税を徴収しようとする本国イギリスの「敬愛してやまない英国国王に対して」突きつけた三行半が独立宣言です。その中に、「代表なければ課税なし！」と独立戦争を導いた言葉が「我々の同意なしに課税した」英国国王の罪状の一つとして記されます。

この罪状は、アメリカの独立に荷担したフランス国王にもあてはまりました。１７８９年のフランスの人権宣言の第14条には、「税の負担には人民の承諾が必要だ」と税を払う根拠が示されています。１７９３年1月21日ルイ16世の首と胴体がコンコルド広場で分離します。ギロチンでの斬首刑が執行されます。主権者であり唯一の権力者でもあった国王が廃されました。主権者と権力者が分離したのです。

市民革命は、「主権」と「権力」を分離しました。主権者は王ではなく人民になりました。主権者となった「市民」が、権力者を選ぶことで「略奪」をコントロールする「権力」を手にしたのです。民主政において、徴税という略奪は、市民の承諾の後に行われるのです。

人の権利を全ての人が知り、軽視したり忘れたりしないようにとフランス人権宣言は、宣言されます。しかし、それを知らない人や、忘れてしまう人や、軽視する人はいなくなりませんでした。税について解説する教科書もその一つです。税を払う理由として財政法や税法の教科書には、義務説、利益説などの解説が載っています。なるほど、憲法第30条は「国民は、法律の定めるところにより、納税の義務を負ふ」とし、義務説を支えます。

しかし、憲法前文はその前に読まれるべき文書です。「主権が国民にある」と憲法の哲学を伝えているのです。主権は略奪をする力であり、課税権がその中心にあります。権力の源は国民にあり、その力を分け与えることを権力の分立というのです。我々が税を払う理由は、我々が承諾したからなのです。

独立宣言が宣言される時に打ち鳴らされた自由の鐘のレプリカです。「全地上と住む者全てに自由を宣言せよ」と刻まれています。日比谷公園に 1952 年に米国の有志から贈られ設置されました。

フランスの人権宣言は、そんな権利についての無知・忘却・軽視が人々が不幸になる原因であり、政府が腐敗する唯一の原因だとしました。

２００８年に、ガソリン税の暫定税率の期限切れで、一時的にガソリンが値下げされたことがありました。あの後税金を上げてもいいという承諾を皆さんがしていれば、私たちの主権は尊重されたことになります。承諾をした人がいないのであれば、私たちの政府の、主権者を尊重するレベルは１７８９年よりも前の状態にあるということになります。

## 子供にツケをまわさない

日本国憲法が、国民に主権のあることを宣言しました。しかし、「主権者が税をコントロールするのだ」ということを知らなかったり、忘れたり、軽視すると、その宣言は力を失います。

２０１１年度の一般会計の第三次補正予算では、税収は41兆円のままですが、歳出は当初予算92兆円であった金額が１０６兆円に増えています。大震災のための復興費用がその増加の原因です。

兆円というお金の単位は、普通の人には馴染みのない単位です。わかりやすくするために、日本の人口を1億人としましょう。1兆円は一人当たり1万円になります。国民一人当たりおよそ41万円の税金を払い、国は１０６万円を使っているということになります。理解しやすくなるでしょ？５人家族なら約２０５万円の税金が徴収され、５３０万円が使われているのです。

一人当たり41万円、５人家族で２０５万円の支払いといえば大きな金額です。確定申告には、税を払うという感じが明確にあります。この時に「ありがとう」といえますか？給料を受け取る際に源泉徴収されたり、消費税のように税を払うタイミングがぼやける税があります。これらの税を負担したことを知った時に「ありがとう」といえますか？

税をコントロールする主権者としては、支払う税に「ありがとう」といえるかを判断しなければなりません。地方税について「ありがとう」といえないなら、引っ越す方法もあります。「地方税が他所の半分」という自治体があれば、地方税が半分の自治体の人口は増えるかもしれません。これを「足による投票」といいます。

日本政府は、２０１１年度に、41兆円の税収を補うために56兆円の国債を発行します。「承諾なければ課税なし」が民主制の基本です。しかし、税収よりも多い国債発行額56兆円は、承諾の機会のない子供達に課税されるのです。

私たちは、議会に送り込む代表者を選ぶことで民主政を次世代にも継承するのです。選挙の時期になると候補者が、辻立をしてあなたの票を求めます。この時に、そこに立っている候補者に聞いてください。「あなたは子供にツケをまわす人?・まわさない人?」と。
　その答えが、「ツケをまわす人」ならば、「あなたには絶対入れない」と教えてあげてください。「ツケをまわさない人」なら、署名をさせてあげてください。JTR(日本税制改革協議会)という団体が、その署名を集めています。
　国会議員の候補者の場合は、もっとストレートに尋ねます。あなたは「増税する人?増税しない人?」その答えが、「増税する人」ならば、「あなたには絶対入れない」と教えてあげてください。「減税する人」なら、「いかなる増税にも反対する!」署名をさせてあげてください。JTRが、その署名も集めています。
　選挙で「子供にツケをまわさない」あるいは「減税する」と約束する人たちが増え、約束を守る人を再選させ、守れない人を落とすことで「子供にツケをまわさない」社会が、実現するのです。

日本税制改革協議会(会長内山優)は、1997年に設立されました。国会議員およびその候補者に、「いかなる増税にも反対する」ことの誓約を求め。地方自治体の首長、議員およびその候補者に、「子供にツケをまわさない」ことの誓約を求めています。その活動および署名人は下記にあります。　http://www.jtr.gr.jp/

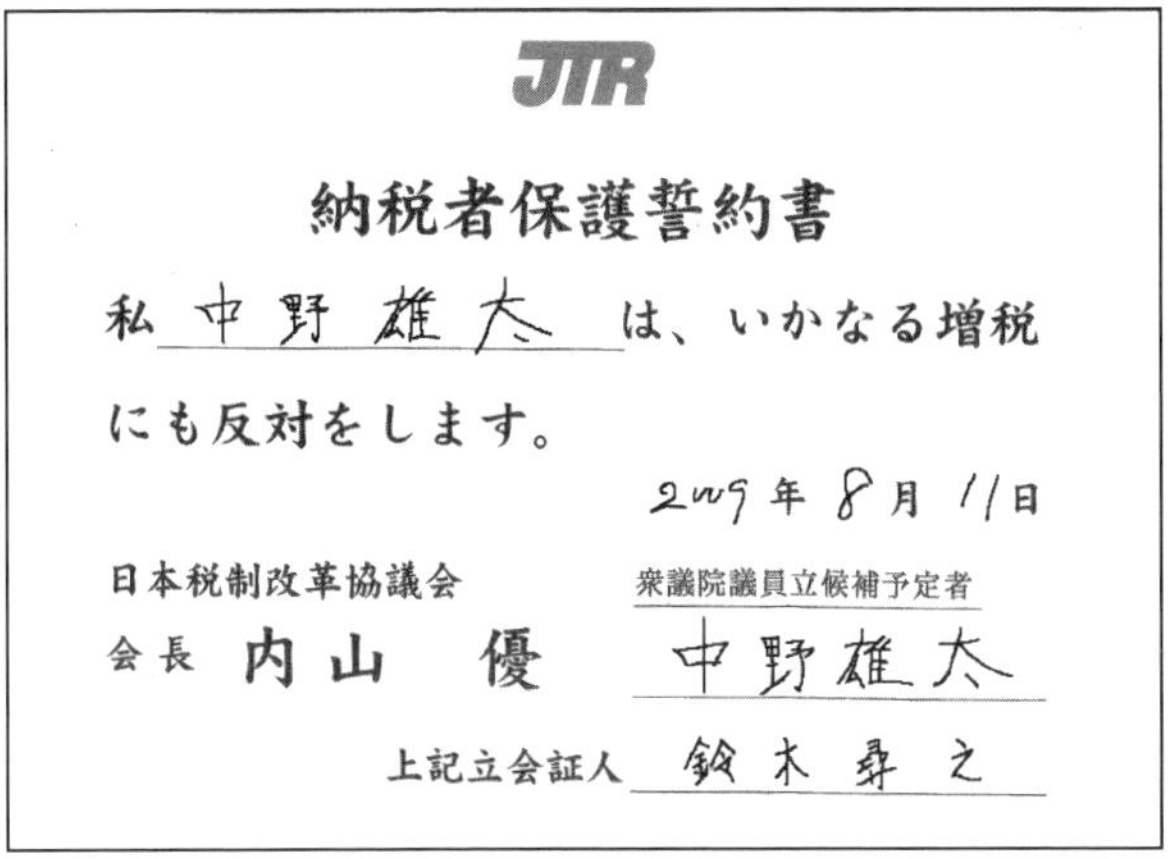

JTR

納税者保護誓約書

私　中野雄太　は、いかなる増税にも反対をします。

2009年8月11日

日本税制改革協議会
会長　内山　優

衆議院議員立候補予定者
中野雄太

上記立会証人　鈴木尋之

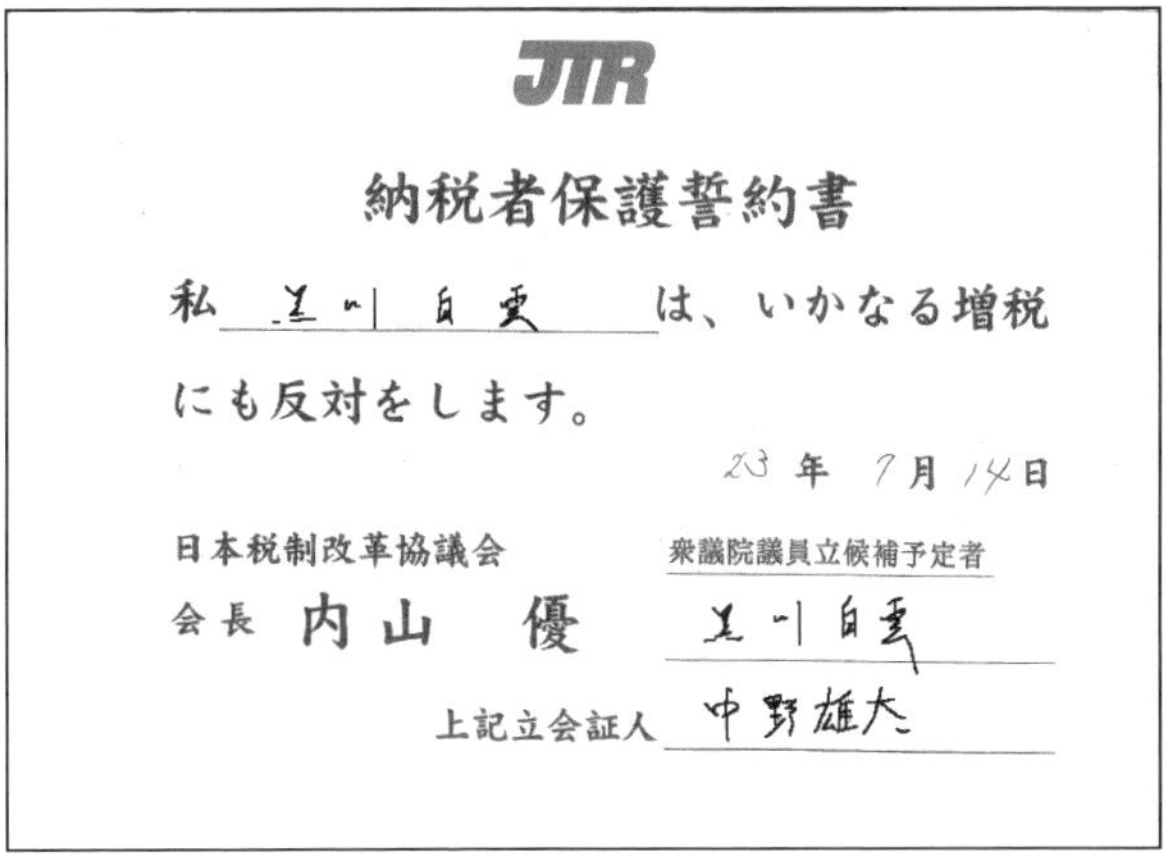

JTR

納税者保護誓約書

私　黒川白雲　は、いかなる増税にも反対をします。

23年7月14日

日本税制改革協議会
会長　内山　優

衆議院議員立候補予定者
黒川白雲

上記立会証人　中野雄太

中野雄太氏と黒川白雲氏の納税者保護誓約書

# 吉田きょう授のつまらぬ噺《はな》し 2

## 馬と鹿を言い分ける

あるべき政治を唱える学者は、完全無欠を装う始皇帝には邪魔者でした。生き埋めにされます。そして、その知識を伝える書籍はことごとく焼かれました。焚書坑儒です。

始皇帝に重用された趙高(ちょうこう)は、皇帝の後を継いだ胡亥にも仕えます。胡亥の圧政に国内の不満は高まります。趙高は謀反を諮ります。趙高に従う家臣をみつけるために、「馬を差し上げます」と言って胡亥に鹿を献じます。「それは鹿だ」という家臣を、排除しました。胡亥は、事実を伝える家臣を失い、父から継いだ皇帝の地位と命を失います。

## この人でいいのか？

財務省は、2004年度から同じフォーマットでバランスシートを作っています。しかし、良い内閣総理大臣だったかどうかを分かるようには作ってはいません。

でも、二つの手間を加えれば、「子供にツケをまわした」総理大臣かどうかを読み取ることができます。

一つは、公共財の扱いです。財務省は大蔵省の時代から、役所の物としています。地方自治体を指導する総務省も同じです。公共財を、納税者の物とするのです。

二つ目は、総額表示を国民一人当たりで示すのです。0が三つ増えるごとに単位は千円、百万円、十億円、兆円となります。知っていても、簡単には読めません。「一兆円は、国民一人当たりにすれば一万円」の方法で読み解くわけです。

下の表は、この手間を加えて明らかになった2003年度末からの総理大臣が残した「将来の税金」と「納税者の持分」の推移です。どの総理大臣も行政改革を口にしました。「子供にまわしたツケ」は2003年度の380万円から2009年度の486万円に増加しています。約束は口だけでした。国民の持分は、同じくマイナス197万円だったものがマイナス284万円になっています。

総理大臣は、税を預かるのに相応しい人ではありませんでした。良い総理大臣を見いだせなかったために、私達国民は子供にツケをまわしただけでなく、貧しくもなりました。

**将来の税金の推移**　　単位:万円（国民一人当たり）

| 各年度末 | 年度末の内閣総理大臣 | 将来の税金 | 国民の持分 |
|---|---|---|---|
| 2003年 | 小泉純一郎 | 387 | -197 |
| 2004年 | 小泉純一郎 | 410 | -209 |
| 2005年 | 小泉純一郎 | 404 | -205 |
| 2006年 | 安倍晋三 | 403 | -204 |
| 2007年 | 福田康夫 | 414 | -212 |
| 2008年 | 麻生太郎 | 450 | -250 |
| 2009年 | 鳩山由紀夫 | 486 | -284 |

2010年度の資料は2012年6月に財務省のホームページで発表の予定です。

## コミック　猫に鈴をつける

さてここで
【民】5 ミン たみ・ひと
＊
禹《う》の時代のころの漢字をひとつお見せします
この文字は人が目を突かれているところを表しています
にゃ〜！怖いにゃ！
その当時奴隷が逃げてもすぐに分かるように目を傷つけたんだね
あっあの人奴隷だ目が白い…
白濁した目が奴隷の目印になってるんにゃ〜

＊白川 静『字統』平凡社，1994，pp.814-815.

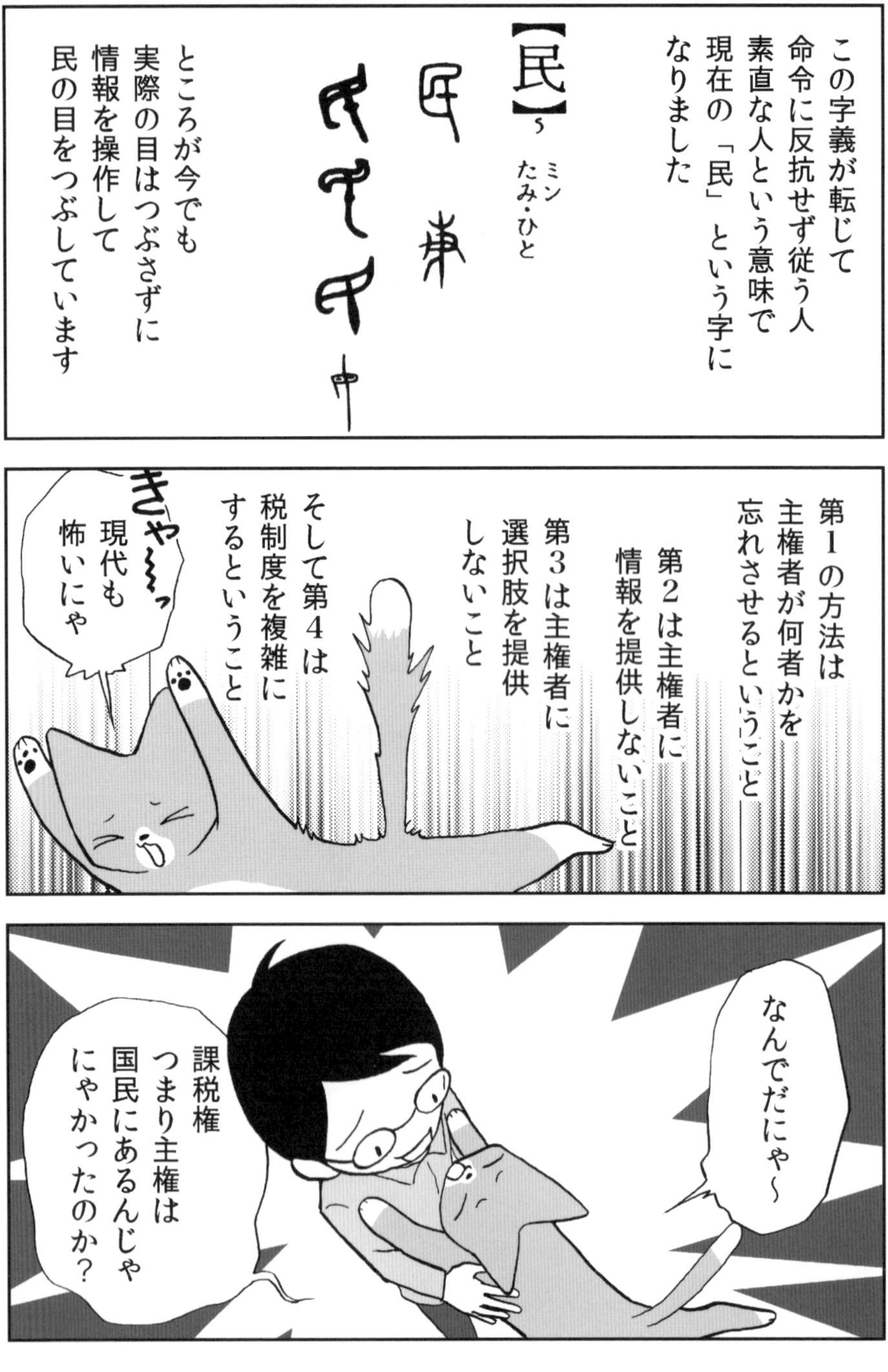
この字義が転じて命令に反抗せず従う人素直な人という意味で現在の「民」という字になりました
【民】ミン たみ・ひと
ところが今でも実際の目はつぶさずに情報を操作して民の目をつぶしています
第1の方法は主権者が何者かを忘れさせるということ
第2は主権者に情報を提供しないこと
第3は主権者に選択肢を提供しないこと
そして第4は税制度を複雑にするということ
きゃ〜〜っ
現代も怖いにゃ
なんでだにゃ〜
課税権つまり主権は国民にあるんじゃにゃかったのか？

そうだね
モンテスキューは
専制政治の主権は
ただひとりにあると
したよね
税金だと
いって
富の略奪を
する力は
専制君主に
あるって
ことだにゃ
他人の財産を盗めば略奪
相手の意思にかかわらず
その権利に強制的に
介入するのが主権
所有権に介入すれば徴税
増税NOだ！
略奪されるのは嫌にゃ！
第30代米大統領
カルビン・クーリッジも
「必要以上の税を集めるのは
合法的強盗である」と
納得して
欲しいものを
手に入れるために
払うにゃら良いにゃ
ポン！
アダム・スミスと
君は同じ意見だね？

「私の欲しい物をください、
そうしたらあなたの欲しい物をあげましょう」
18世紀に書かれたアダム・スミスの
『諸国民の富』（国富論）からの引用です
満足できる取引ができたとき君は何というかな？
まいど
ありー
ありがとう！にゃ！
ありがとういえるときが増えるこれが豊かになるということなんだよ
税金だって同じです
払ったときにありがとういえればいい税金です
みんにゃ税金を払うときありがとうっていってるかにゃ？

にゃんだか
税金払いたく
なくなって
きたにゃ
しー
しー
だけど払わないとね
税を負担するのは
まず我々が
その税は必要だと
承諾してるんだから
1789年のフランスの
人権宣言の第14条には
「税の負担には
人民の承諾が必要だ」
とあるね
1776年
米国の独立宣言には
「なぜ私たちが
敬愛している英国国王に
対して三行半を突き
つけるのか」ということが
書いてあります
そして
その中のひとつが
「我々の合意なしに課税をした」
という理由です
増税NOだ!
子供に
ツケを
まわさない!

これらの市民革命で「主権」と「権力」が分離したのです
権力
分離
主権
主権者というのは王ではなく人民になりました
ところがそれを見えなくしているのが今の教科書であり役所の会計です
権力を手にすると今も昔も政治家は略奪をします
それもヨコセなノダ
これだけはボクの

公会計は政治家が略奪をしていないか適材かをわかるようにします
ネコに鈴をつけるのだにゃ
いつまでも目をつぶされた民のままじゃ嫌なのだにゃ！
本当にそうだよね権力者が必要以上に税金を搾取しないように役所もお会計をして私達国民一人ひとりが見張らないとね
わかった！
それが国民主権なのだにゃ！

**●私たち国民一人ひとりが、きちんと見張ろう。**

おわりに―

# 増税は「隷属への道」である

本書を通じて訴えたかったことは、「増税」は国民から「自由」を奪う「隷属への道」であるという一点です。

マルクスの『共産党宣言』には「私有財産の廃止」「強度の累進課税」「相続権の廃止」などが掲げられておりますが、民主党政権が「社会保障と税の一体改革」等を通じて目指している、大増税による私有財産の「略奪」、所得税や相続税の最高税率引き上げなどは、『共産党宣言』の具現化そのものであり、「国家社会主義」「全体主義」へと繋がる危険性があります（参照『国家社会主義への警鐘』大川隆法著、幸福実現党発刊）。

また、増税によって増大した予算は、官僚や公務員、天下り法人、一部の業界・利権団体等に「特殊利権」や「権限」を与え、シロアリの如く国家全体を蝕《むしば》んでいきます。本書で指摘されている給与の「官民格差」は日本社会の歪みの一端を表しています。

民主党が「福祉国家」のモデルとしているスウェーデンも、日本のモデルとしては適切ではありません。スウェーデンは高い経済成長率を前提とした制度に依拠していますが、１９８０年代の経済停滞によって、国家財政が行き詰まり、年金支給年齢の引き上げ、年金や失業保険、奨学金、児童手当等の減額、削減のラッシュとなりました。産業界からも、税の高負担に対して不平不満の声が高まっています。

イギリスも戦後の労働党政権下で、「揺りかごから墓場まで」を掲げ、最先端の「福祉国家」を目指しました。しかし、増税や産業の国有化政策等によって、経済が停滞して輸入国へと転落し、国内の失業が拡大、「イギリス病」「老大国」と呼ばれるまでに凋落《ちょうらく》しました。国家財政も危機的状況に陥りましたが、１９８０年代、サッチャー政権は「小さな政府」を掲げ、国営企業を民営化し、規制緩和や所得税・法人税の大幅な減税を行うと共に、大胆に福祉予算を削減し、10年以上かかって国家を立て直しました。

民主党政権はサッチャー氏とは正反対に「重税国家」「福祉国家」を目指すと共に、郵政の再国有化、ＪＡＬの国有化、復興庁の新設を行うなど、政府組織の肥大化、「大きな政府」を目指しています。

こうした「増税」「福祉国家」「大きな政府」を企図する流れは「国家社会主義」へと繋がります。「国家社会主義」とは、ナショナリズムと社会主義が結合した全体主義国家のことで、典型的なものとして「ナチス（国家社会主義ドイツ労働者党）」が挙げられます。ナチスが「福祉国家」を掲げていたことは有名です。

経済学者のハイエクは、全体主義社会を分析し、国家が国民から「経済的自由」を奪い、国民が国家に依存するようになることで、あらゆる自由が奪われ、「隷属への道」へと至ることに強く警鐘を鳴らしています。そして、「自由」が奪われた国家は「貧困への道」を歩むことになることを歴史が教えています。「自由」こそが「繁栄」の基《もとい》であります。

増税は国民の「経済的自由」を奪う行為であり、日本は「隷属への道」を歩んでいることに国民は気づかねばなりません。幸福実現党は消費税増税に強く反対すると共に、「減税」「規制撤廃」「小さな政府」を実現し、「自由からの繁栄」を目指して参ります。

また、増税に反対する政党や関連団体とも連携し、重税国家への道を止めるべく活動を展開していく所存です。

**幸福実現党　政務調査会長　黒川白雲**

# 幸福実現党

## この国を守り抜け

**中国の民主化と日本の使命**

大川隆法　著

中国との紛争危機、北朝鮮の核、急激な円高……。対処法はすべてここにある。保守回帰で、外交と経済を立て直せ！

1,600円

## 日本外交の鉄則

**サムライ国家の気概を示せ**

大川隆法　著

陸奥宗光と小村寿太郎が、緊急霊言。中国に舐められる民主党政権の弱腰外交を一喝し、国家を護る気概と外交戦略を伝授する。

1,200円

## 秋山真之の日本防衛論

**同時収録　乃木希典・北一輝の霊言**

大川隆法　著

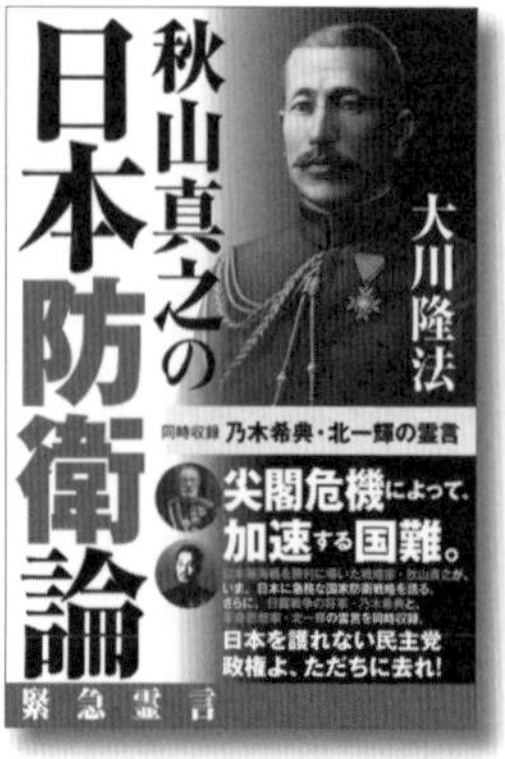


天才戦略家・秋山真之が、国家防衛戦略を語る。さらに、日露戦争の将軍・乃木希典と、革命思想家・北一輝の霊言を同時収録！

1,400円

発行　幸福実現党
発売　幸福の科学出版株式会社

※表示価格は本体価格（税別）です。

# 幸福実現党

## 国家社会主義への警鐘

**増税から始まる日本の危機**

大川隆法　著

幸福実現党・名誉総裁と党首が対談。保守のふりをしながら、社会主義へとひた走る野田首相の恐るべき深層心理を見抜く。

1,300円

---

## 沈みゆく日本をどう救うか

**野田佳彦総理のスピリチュアル総合分析**

大川隆法　著

経済政策も外交方針も中身は何もない!?　野田氏守護霊が新総理の本音を語る。また、かつての師・松下幸之助霊が苦言を呈す。

1,300円

---

## 公開対談
## 日本の未来はここにあり

**正論を貫く幸福実現党**

大川隆法　著

時代に先駆け、勇気ある正論を訴える幸福実現党の名誉総裁と党首が公開対談。震災、経済不況、外交危機を打開する方策を語る。

1,200円

---

発行　幸福実現党
発売　幸福の科学出版株式会社

※表示価格は本体価格(税別)です。

# 幸福実現党

## もしケインズなら日本経済をどうするか

**日本を復活させる21世紀の経済学**

大川隆法　著

円高をどう生かすべきか? TPP参加の是非とは? 最強の経済学者の一人・ケインズが、日本を救う財政・金融政策と震災復興策を語る。

1,400円

## 日銀総裁とのスピリチュアル対話

**「通貨の番人」の正体**

大川隆法　著

デフレ不況、超円高、財政赤字……。なぜ日銀は有効な手を打てないのか!? 日銀総裁・白川氏の守護霊インタビューでその理由が明らかに。

1,400円

## 北朝鮮 ―終わりの始まり―

**霊的真実の衝撃**

大川隆法　著

「公開霊言」で明らかになった北朝鮮の真実。金正日が自らの死の真相を、後継者・金正恩の守護霊が今後の野望を語る。

1,300円


発行　幸福実現党
発売　幸福の科学出版株式会社


※表示価格は本体価格(税別)です。

## 大川隆法ベストセラーズ・米大統領選の行方を探る

# モルモン教霊査

### アメリカ発新宗教の知られざる真実

モルモン教の本当の姿を探るため、教祖ジョセフ・スミスの霊にインタヴューを行う。そこから見えたアメリカの歴史的問題とは。

1,300円

# ネクスト・プレジデント

### ニュート・ギングリッチへのスピリチュアル・インタヴュー

米大統領選の有力候補者ギングリッチ氏の政策とアジア戦略が明らかに。守護霊インタヴューでしか知りえない衝撃の真実がここに。

【幸福実現党刊】

1,300円

# ネクスト・プレジデントII

### 守護霊インタヴュー
### ミット・ロムニー vs. リック・サントラム

アメリカは世界の警察ではなくなる!? ロムニー氏とサントラム氏の守護霊インタヴューから見えてくる、日本と世界の運命とは。

【幸福実現党刊】

1,500円

※表示価格は本体価格(税別)です。

HRPブックレットシリーズVOL.2

# 増税亡国論 小さな政府を目指して！

2012年3月10日　初版第一刷

編集/幸福実現党出版局
発行/幸福実現党
〒104-0061
東京都中央区銀座2－2－19
TEL03-3535-3777

発売/
幸福の科学出版株式会社
〒142-0041
東京都品川区戸越1-6-7
TEL03-6384-3777
http://www.irhpress.co.jp/

印刷製本　誠晃印刷

落丁・乱丁はお取り替えいたします

ISBN978-4-86395-183-9 C0030